Shirin Neshat

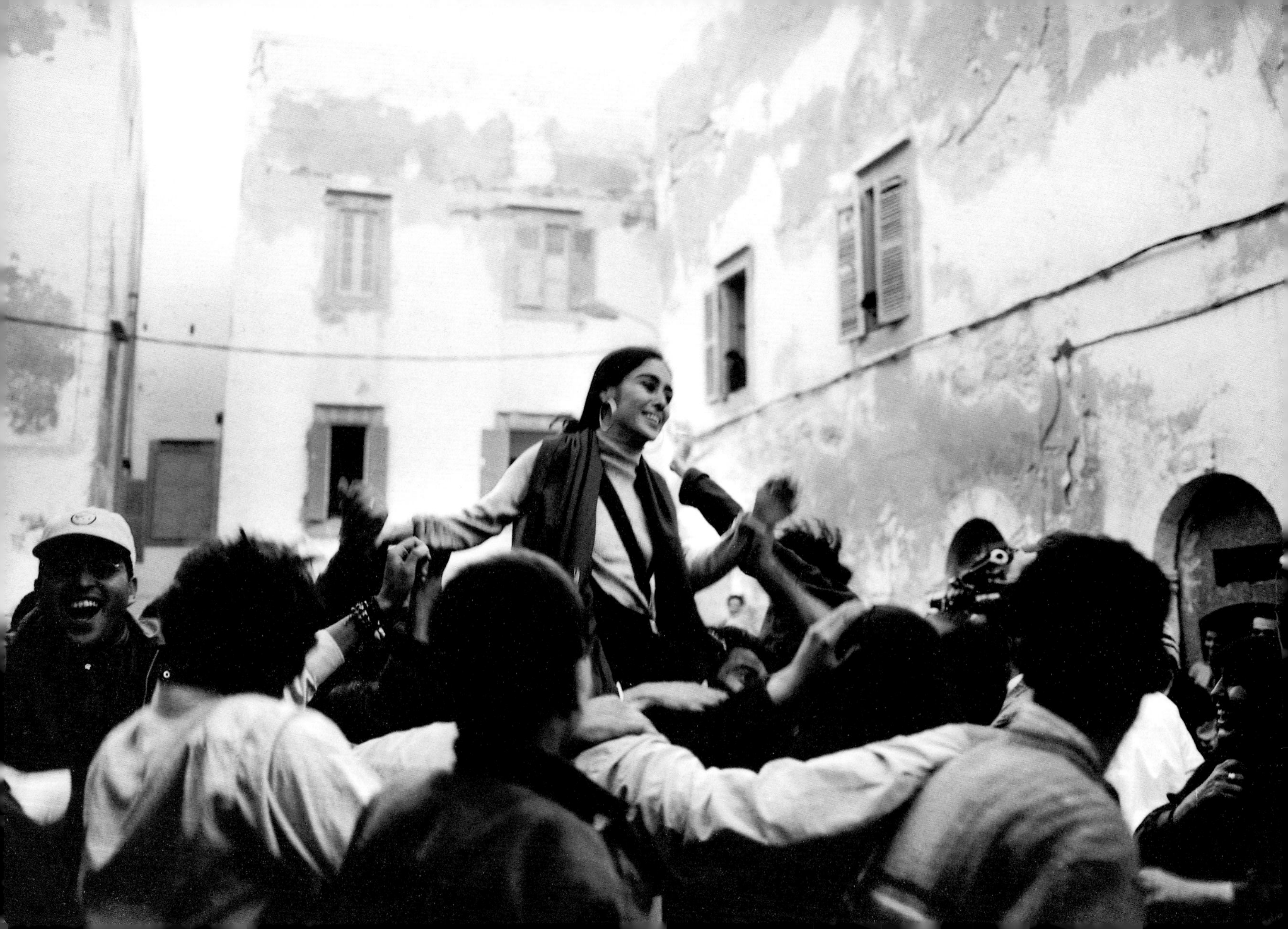

Shirin Neshat

CHARTA

Design / Progetto grafico
Gabriele Nason
con / with Daniela Meda

Editorial Coordination
Coordinamento redazionale
Debbie Bibo
Elena Carotti

Editing / Redazione
Sara Tedesco

Translation / Traduzione
Gino Bernocchi

Press Office / Ufficio stampa
Silvia Palombi Arte & Mostre, Milano

Cover / Copertina
Passage *2001*
Photo Larry Barns

p. 2
Essaouira 2001

Photo Credits / Referenze fotografiche
Larry Barns
Grumij Fouad, *assistant / assistente*

Other photographs / Altre fotografie
Lina Bertucci p. 34
David Ryan p. 52 (second and third from left in bottom row / in basso da sinistra la seconda e la terza)
Cynthia Preston p. 54, 57
Plauto p. 56

We apologize if, due to reasons wholly beyond our control, some of the photo sources have not been listed.

Ci scusiamo se per cause indipendenti dalla nostra volontà abbiamo omesso alcune referenze fotografiche.

This book has been published on the occasion of the world premiere of *Pulse*, *Fetneh* and *Passage*

Questo libro è stato pubblicato in occasione della prima mondiale di *Pulse*, *Fetneh* e *Passage*

Barbara Gladstone Gallery, New York
12 May - 22 June, 2001
12 maggio - 22 giugno, 2001

ISBN 88-8158-314-3

Edizioni Charta
via della Moscova, 27
20121 Milano
Tel. +39-026598098/026598200
Fax +39-026598577
e-mail: edcharta@tin.it
www.chartaartbooks.it

Printed in Italy

Contents / Sommario

The Visual Poetry of Shirin Neshat

Farzaneh Milani

One fine spring day in 1994, a day like any other, my multi-cultural enthusiasm had a slap in the face. Wanting to strip the veil of its symbolic stigma, I had decided to teach my class at the University of Virginia covered, from head to foot, in a full black chador. I looked forward to a provocative discussion but the silence of the students, as I entered the classroom, shocked, and in turn, silenced me. After a seemingly endless pause, I finally said: "Why is every one so silent?" With obvious discomfort and after much hesitation, one of the students murmured: "I am scared. You might be carrying a gun under your veil." Why would I carry a gun to my class I pondered? I was sure she was joking. But she was not. She was very serious and frightened too. By donning the veil I was perceived to be someone else. The image of a terrorist Muslim woman was so powerful, so true to life that it concealed my reality. I became the image, the fabricated presence and persona of a "terrorist," gun-toting and veiled.

The powerfully distorted image of the veiled woman has been deeply ingrained in the Western mind. Identified with erotic subservience in the past, it has now come to be unequivocally associated with senseless violence as well. As the most defining feature of the Islamic world, the veil has sealed Muslim women in an image of essential otherness. It has been stigmatized to such an extent that not even Barbie's multi-ethnic wardrobe, unique in its rich variety, could include it. Sold in more than 140 countries, the queen of the international toy market has assumed many different nationalities. Such commodification of ethnic diversity, however, has deemed the veil an inappropriate marketing strategy for Barbie, icon of American femininity.

In view of these reductive associations, what are we to do with the artistic world of Shirin Neshat-a world populated by a slew of veiled women? Women, severely garbed in black chadors, are not merely fleeting apparitions in her artistic universe. One chador becomes another and our field of vision is soon filled by an army concealed in black veils. Can Neshat be orientalizing the "Orient," exoticizing the already exotic still further? Does she fix and formalize the familiar litany of Islam as being innately oppressive to women? Or is she merely creating icons for a voyeuristic Western audience, reinforcing their preconceived views, titillating their fashionable curiosity?

If we can avoid becoming entangled in the dichotomy of the "liberated, global" West and the "oppressive, provincial" East, if we can resist the impulse to dismiss Neshat's women out of hand just because they wear the veil, then we will discover them to be powerfully self-assertive agents. Stretching field of action and imagination, challenging traditional allocation of power and space, they communicate universal concerns without compromising their cultural specificity.

When Neshat left her homeland in 1974 to study art at the University of California in Berkeley (MFA, 1982), Iran was at the height of its modernization drive. When she returned in 1990, she was "shocked" by the "frightening and exciting changes," by the "enormous difference" between what she had remembered from Iranian culture and what she witnessed sixteen years later[1]. Motivated to return to her artwork and to a career she had set aside after completing her studies, she began to photograph herself wearing a veil, inspired by the mandatory veiling act of 1983.

Although according to Neshat, *Unveiling* and *Women of Allah* (1993) "have that kind of naivete of an artist living abroad, returning and very sincerely wanting to understand,"[2] they, nonetheless, reflect the centrality of a woman's body in post-revolutionary political discourse. Considered sometimes as a flag and badge of national pride, and other times as an emblem of shame and humiliation, a woman's public appearance has had a strong impact on the individual and collective consciousness of Iranians. Attempts to restore as well as sweep aside old orders or to establish or annul new ones have often revolved around the female body. Women were forcefully unveiled in 1936 and this was considered a mark of progress. They were obligatorily reveiled in 1983 and this signaled the reconstruction of an Islamic/Iranian identity at the transnational level. Given the power of this weapon, women have used their body to defy authority, to display ideological identities, to invoke political coalitions. Makeup, for instance, in post-revolutionary Iran, has come to signal the space between autocracy and democracy. During times of political tolerance, colors blossom on women's faces, hands, and feet-the only areas of a woman's body that need not be covered by the mandatory dress code. Similarly, they pale during times of political repression and disappear when reaction collides with reform.

In her photographic series, Neshat captures the non-violent, non-militaristic, and above all, aesthetic nature of Iranian women's resistance. Concentrating on the complex textual relations between body and veil, she transcribes Persian calligraphic script, often exquisitely rebellious poetry by pioneering women poets, on the exposed faces, hands, and feet in her photographs. Giving voice to the body and body to the voice, she memorialized Iranian women's defiance at the same time as she launched her own artistic career.

But after using the still camera for a few years, Neshat felt that she "needed to move on" to a multi-media expression of her ideas and "a choreographed sequence of images."[3] She "wanted to make work that was more lyrical, philosophical and poetic."[4] Influenced by the "vision, poetry, visual language, and independence" of Abbas Kiarostami, the renowned Iranian film director, she began experimenting with film, mixing Iranian and Western cinematic traditions. She "reached out for a new form of language which permitted flexibility, ambiguity, and a wide range of possibilities."[5]

Neshat revisited her homeland repeatedly and became more and more interested in the "question of the separation of the sexes and its relationship to the issue of social control and ideology."[6] She focused her camera on the gendered allocation of space. *Anchorage* (1996), a single-monitor video projection, and *The Shadow under the Web* (1997) mark her transition to a more poetic, more mature vision. They are followed by *Turbulent*, *Rapture*, and *Fervor*, which portray structures of oppression that define the lives of Iranian women as well as their ceaseless transgression against them. Two competing narratives of womanhood emerge from her *Trilogy*: a paradoxical blend of conformity and revolt, of accommodation and protest, of acquiescence and resistance. Both are a response to the curtailment of women's access to the public domain.

Sex-segregation has affected the lives of Iranian women for several centuries, but it was only in the mid-nineteenth century that women began to appear more and more in public places. Slow at first, and prompted by forces of modernity, desegregation gained momentum in the 1940s and '50s. But as women began to leave the cloisters of their homes and reshape those territories previously dominated by men, anxiety over the breakdown of the moral fabric of society increased. It reached its apogee in the Islamic Revolution of 1979, which reasserted male control over the public space. Thousands upon thousands of women were coerced into early retirement at this time; many lost their jobs; many left the country. Women vanished as singers. Their careers ended as they were chased into silence, exile, or both. Even their records and cassettes were destroyed.

Triggered by the reveiling of women's voices, *Turbulent* (1998), winner of the Golden Lion at the Venice Biennial, captures cries of imposed silence alongside women's challenge to verbal interdictions. For the norms and values that regulated a woman's physical concealment had applied equally to her voice. Not only a woman's chastity but also her charm and allure depended, to a large extent, on her silence. Self-effacing and mute, the ideal woman was to keep her voice out of circulation. If she allowed it to move about freely, she was a babbler, a tattler, a gossip, a chatterbox, a nag, a long-tongued woman. Given such interdictions, it is hardly surprising that the first concert held by a woman at Tehran's Grand Hotel did not take place before 1924. In spite of many difficulties, even death threats, the pioneer Qamar al-Moluk Vazirizadeh unveiled her body and her voice on that occasion, marking the emergence of female singers in contemporary Iran.

With its minimalist but revelatory plot, *Turbulent* effectively portrays the renewed ban on women's public singing in 1979 and their subsequent refusal to be silenced. A master of economy, Neshat proves that gaps, interstices, ellipses can be as powerful as literal utterance. The unsung is as important as the sung. Giving structure to sex-segregation, the film features two screens on which two separate worlds are presented. In one, a man, masterfully performed by Shoja Azari, sings a passionate love song by Rumi, the 13th-century Iranian mystic and the best selling poet in America. On the other, the gifted vocalist/composer Sussan Deyhim sings in isolation to a hauntingly empty concert hall. With her body covered, her voice muffled, she patiently waits her turn. And as soon as Azari completes his song, her caged voice takes full flight. She sings to the world and the world listens. And turbulence arises. Untied to language or rules, she hums, squeals, howls, grunts, reaches for the microphone, wails, moans. With all the powers of suppressed passion, she conveys feelings more eloquent than any words, more universal than any language. Her song is a tapestry of voices, a mosaic of

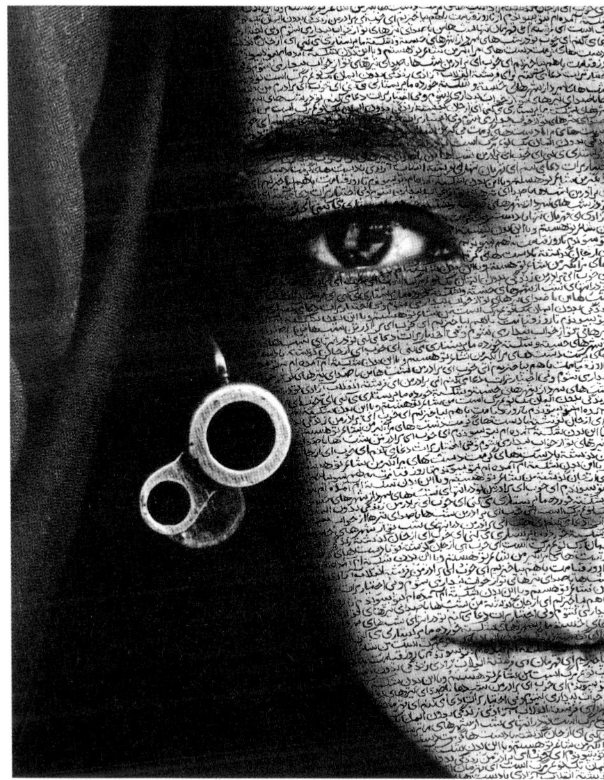

Speechless 1996

primal utterances. Now rhythmic, like the beating of a heart, now intense, like the voice of love, anger, or fear, now pleading, sobbing, and mournfully lamenting, now ecstatic and orgasmic, it is the song of a soul. Filled with intensity, it cannot be regulated or censored. The male singer and his all-male audience are awe-struck, transfixed into wondering silence.

Sex-segregation does not only veil a woman's voice, it also marks off the public arena as a masculine territory. The term "chador" means tent and indeed the veil, for centuries, functioned as a portable, fenced-off house shrunk to the size of a woman's body. Gendered allocation of space, however, has a sweeping relevance and the desire to limit women's space is not peculiar to one culture or faith. Sanctified by notions of beauty, desirability, safety, morality, or religion, many cultures have restricted women's mobility. Foot binding hampered Chinese women for almost ten centuries. Purdah bound Hindu women. Witches were condemned for their disregard of boundaries. In fact, they are still portrayed as flying on their broomsticks, the very symbol of their domesticity turned into a magical vehicle able to carry them to "forbidden" places. "Glass ceilings" are still facts of life in the twenty-first century.

The binary, gendered metaphors of motion and containment are the basis of *Rapture* (1999), an installation of two synchronized black-and-white videos projected on opposite facing walls. On one screen is portrayed a virile world, a world of some one hundred men. They roll out rugs, engage in fights, yell, push, pull, carry and climb ladders, clap hands, but never leave the fortress. United in their clothing, tragic in their confinement, they are restrained by a prison as immense as centuries of internalized veiling.

On the opposite screen, an equal number of veiled women reverse traditional stereotypes, bending the gender roles. Unfettered by spatial constraints, they roam freely in deserts and oceans of unstructured space, pray, beat drums, pierce the silence with their voices. Six of them, aided by the others, break free and sail away in a boat, a mythic means of transportation towards forbidden territories. Whether their departure is a triumphant liberation on dancing waves or a mass suicide in an engulfing ocean we will never know. All we understand is that six women are using their billowy veils as sails, traveling into the unknown to explore new forms of power and agency.

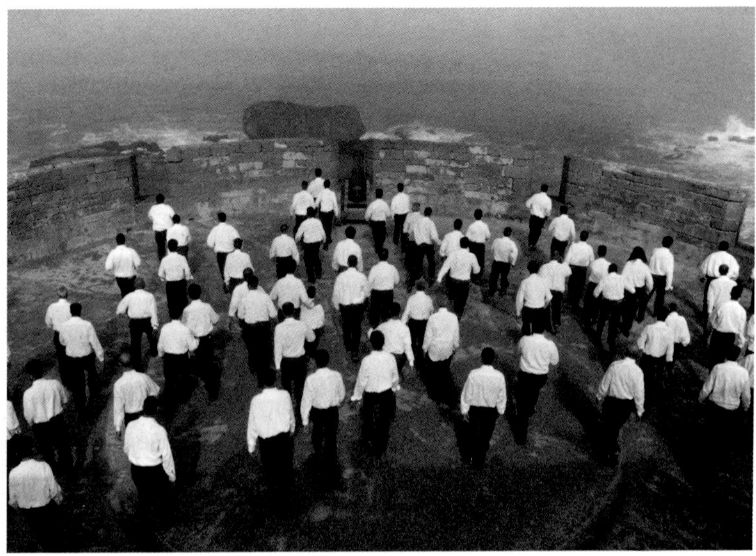

Rapture 1999

The men are left behind, to wait and wave farewell to the departing women. It is a fascinating reversal. Traditionally, men were the legitimate wanderers, the globetrotters, while free movement of women beyond the restraining reach of male guardians was disallowed and viewed as hazardous. The ideal woman was expected to maintain a closed-in existence that did not intrude upon or merge with the outside world. She remained in her "proper place," waving farewell to departing men. *Rapture* redefines veiling by celebrating women's physical mobility. Even its title reflects the centrality of movement as a trope. Etymologically, "rapture" means ecstatic delight as well as transit to a blissful place.

The hazardous errantry of these women mimics the promise and the risks of the intercultural, transgressive travels of Neshat herself. It captures the vulnerabilities of her art to misinterpretations and misreadings as well as the perils arising from the transfer of meaning between cultures, between differing semantic fields and codes. An Iranian-born, American-educated artist who has lived most of her life in the United States of America, Neshat films in Turkey, Morocco, and New York, addressing a global audience with cross-cultural themes. Like her women sailors, she journeys in unpredictable trajectories without losing any distinctiveness. She maps uncharted territories, tests new possibilities, navigates the shadowy lines between fiction and documentary. She crosses geographical, artistic, linguistic, disciplinary, and sartorial borders with great agility, blurring the lines of demarcation between foreign and domestic, the allowed and disallowed.

Continuing with her interest in the complex interconnectedness between space and gender relations, Neshat explores the veiling of the eyes in *Fervor* (2000). The gaze, viewed traditionally as a messenger of desire and subjected to strict sexual regulations, has a socially determined, potentially dangerous, and highly charged meaning. Men are forbidden to look at women, the sight of whom, like the Medusa, should be avoided at all costs. Endowed with phallic power, this forbidden gaze is a violation, a sin, a form of visual rape. Women, too, have to follow a stringent code of looking. They have to limit contact by casting down their eyes. Disinclined to look and be looked at, they have to display a self-effacing timidity. Erecting an invisible wall of separation, they have to cloak themselves in an armor of self-detachment.

One of the most compelling justifications for sex-segregation has been the belief that sexual desire is easily aroused between the sexes. An old Persian saying compares the free mingling of men and women to the exposure of cotton to fire. To keep the fire from consuming the cotton, men and women must be kept apart. If the veil, like the hymen, is a physical impediment to sexual temptation, visual prohibitions preempt the birth of illicit desire.

Testing these boundaries for both sexes, *Fervor* portrays a sense of confinement not exclusive to women. It centers on a chance encounter between a man and a chador-clad woman who exchange rapid glances of desire. Later, they meet again, coincidentally, at a crowded hall where a man is narrating the most popular romance in the Islamic world, the Qur'anic (and Biblical) tale of Zuleikha.

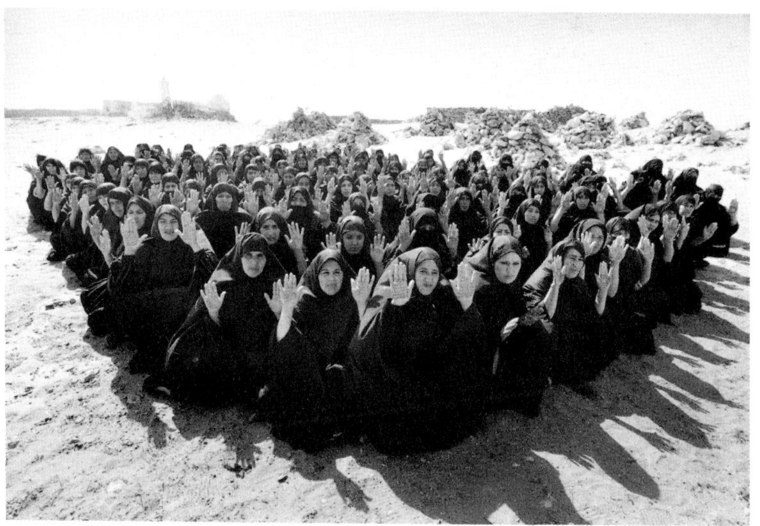

Rapture 1999

He has reached a dramatic moment, a nodal point in the story, when Zuleikha has led Yusuf to the seventh chamber of her palace, a space enclosed many times over, and in which, with flagrant sexual assertion, she declares her adulterous love and attempts to seduce him. The storyteller warns his audience against temptations of the flesh and advocates the subjugation of sin and lust to penance and restraint. This rhetoric of chastity and abstinence, however, does not stop the burgeoning attraction between the two protagonists. Sitting on opposite sides of a curtain which bisects the space, they continue exchanging furtive glances. The camera, sympathetic to their lot, functions as a go-between. It bridges the rigid gender divide, and creates a space for the potential of love. As the storyteller arouses the crowd to condemn Satan and restrain lust, the woman, confused, tempted, ashamed, and angry, exits hurriedly from the hall. The man follows her. *Fervor* ends with neither of its two protagonists establishing any physical or verbal contact.

Could the breaking of hearts be filmed more effectively? Could hijacked passion be captured more artistically? With her seamless editing techniques and the intervention of a mediating camera, Neshat lifts the curtain and uncovers a veiled space that is both sheltered and exposed at the same time. This segregated space, however, allows for a free floating between extremes. It portrays the negotiation and the suspension of desire and fulfillment simultaneously, a human dilemma not limited to one culture only.

Neshat's fluid visual text disregards boundaries. Aesthetically compelling and thematically ambiguous, her work never settles on a simple or singular meaning, never provides one answer or a solution. It is a social commentary that points beyond prescribed limits, always trespassing frontiers. Neshat creates a space in-between. The viewer is always placed in the interval between the particular and the universal.

The conceptual and imaginative appeal of border crossing is made even more explicit in *Passage* (2001). With a timeless urgency, independent from the national, historical, and social conditions of its director, subjects, or viewers, it is a meditation on birth-in-death and death-in-birth. At once spectacular and oblique, *Passage*, commissioned by Philip Glass, has a deceptively simple narrative. It opens with a glorious view of a calm sea. The adjacent sand dunes look sculpted and the desolate expanse of rocky terrain brings to mind killing fields covered with skulls. A phalanx of men gradually emerges from the receding horizon. We do not know if they are returning from a trip, from pilgrimage or war, from exile or adventure. As their communal march continues and they approach the camera, the uncoffined corpse they are carrying on their shoulder clarifies their purpose. Dressed in black, serene and mournful, they accompany the body in its journey towards the land of the dead and its final resting place.

Passing through immemorial landscapes, the mournful men approach a group of chador-clad women. Like Antigone enacting her primal impulse, these women dig a grave with their bare hands. Further away, a little girl is playing with stones, innocently oblivious to these events. She is making a circle, which, with the addition of some twigs, becomes a nest. As soon as the shrouded body is placed on the earth a circle of fire begins. Only the little girl and the nest she has made remain outside its dancing flames.

All the men and the women in *Passage* are in mourning. The burden of the loss seems to be commonly shared. *Passage* does not exile death and decay to the realm of the private or the personal. These are depicted as shared social experiences, integral parts of life and collective consciousness. *Passage* maps the geography of an inevitable journey-a return to earth's maternal womb-from dust to dust, from womb to womb.

With stunning power, *Passage* taps archetypal imagery and relies on graphic symbols and preverbal language. Its landscape is a sensuous symphony of colors and elements-water, earth, fire, and air. Nonlinear and multidirectional, its central metaphor is a circle and the cosmic principle of wholeness. Binary opposites are indivisibly meshed and held in a complementary dialectic. Like mother earth presented as birth-giver and receiver of the dead body, life and death, travel and homecoming, youth and age, light and shadow are viewed as a continuum. They merge as one.

Neshat's hybrid visual poetics "fuses facts and the subliminal." In her own words, "this method in a way universalizes the subject and allows a more open interpretation."[7] While stressing the particular, Neshat also underscores commonalties among cultures in spite of their differences. By shifting the emphasis from the unique to the comparable and from an exclusively Islamic/Iranian focus to a more global context, she figures out "how an artist who comes from and remains interested in the resources of another culture can make work that contributes to a broader culture."[8]

Artfully simple, conceptually complex, and increasingly poetic, Shirin Neshat's work contributes to an exciting dialogue among cultures.

1. Lina Bertucci, "Shirin Neshat: Eastern Values," *Flash Art*, November/December 1997, p. 86.
2. Susan Horsburgh, "No Place Like Home," *Time Europe*, Monday, August 14, 2000.
3. Gerald Matt, "In Conversation with Shirin Neshat," *Shirin Neshat*, Wien, Kunsthalle Wien, 2000, p. 19.
4. Arthur C. Danto, "Shirin Neshat," *Bomb*, Fall 2000, p. 63.
5. Matt, op cit., p. 23.
6. Shirin Neshat, "On the Trilogy: Turbulent, Rapture, Fervor," in Bill Horrigan's, *Shirin Neshat: Two Installations*, Columbus: Wexner Center for the Arts/the Ohio State University, 2000, p. 21.
7. Matt, op. cit., p. 15.
8. Mark Sladen, "Framed," *Tate*, No. 22, Summer 2000, p. 18.

The author would like to thank Janet Beizer, Shahla Haeri, Deborah McDowell, Farnaz Milani, Kaveh Safa, and especially Bahiyyih Nakhjavani for their perceptive comments.

La poesia visiva di Shirin Neshat

Farzaneh Milani

Un bel giorno della primavera del 1994, un giorno come gli altri, il mio entusiasmo multiculturale ricevette un duro colpo. Volendo spogliare il velo del suo marchio simbolico d'infamia, avevo deciso di tenere la mia lezione all'Università della Virginia coperta di un chador nero dalla testa ai piedi. Ciò cui aspiravo era un dibattito provocatorio, ma il silenzio degli studenti, quando entrai in aula, mi sconvolse e mi fece ammutolire a mia volta. Dopo una pausa che sembrava infinita, alla fine dissi: "Perché siete tutti così zitti?". Con evidente disagio e dopo lunga esitazione, una studentessa mormorò: "Ho paura. Sotto il velo lei potrebbe avere una pistola". Mi chiesi perché avrei dovuto portare una pistola nella mia classe. Ero certa che la ragazza stesse scherzando. Invece no. Era serissima e spaventatissima. Per il fatto di indossare il velo venivo percepita come una persona diversa. L'immagine di una terrorista islamica era così potente, così verosimile che nascondeva la mia realtà. Io diventavo l'immagine, la presenza e il personaggio costruito di una "terrorista", armata e velata.

L'immagine potentemente distorta della donna velata si è radicata in profondità nelle menti occidentali. Identificata in passato con la remissività erotica, oggi è altrettanto inequivocabilmente associata alla violenza insensata. Il velo, in quanto caratteristica che definisce al meglio il mondo islamico, ha imprigionato le donne musulmane in un'immagine di sostanziale diversità. È stato bollato in modo tale che nemmeno il guardaroba multietnico di Barbie, unico nella sua enorme varietà, ha potuto includerlo. La regina del mercato internazionale del giocattolo, venduta in oltre 140 Paesi, ha assunto molte nazionalità diverse. Una simile commercializzazione della diversità etnica ha però ritenuto che il velo fosse una strategia di marketing inadeguata per Barbie, icona della femminilità americana.

Considerate tutte queste associazioni riduttive, come dobbiamo comportarci con il mondo artistico di Shirin Neshat, un mondo popolato da una gran quantità di donne velate? Le donne, severamente abbigliate in chador nero, non sono semplici apparizioni fugaci nel suo universo artistico. Un chador si confonde con l'altro e il nostro campo visivo presto viene riempito da un esercito coperto di veli neri. È possibile che Neshat stia orientalizzando l'Oriente, che stia rendendo ancora più esotico ciò che è già esotico? Forse fissa e formalizza la ben nota litania dell'Islam oppressivo per sua natura verso le donne? Oppure sta semplicemente creando icone per un pubblico occidentale voyeuristico, rafforzandone le opinioni preconcette, stuzzicandone la curiosità modaiola?

Se riusciamo a non lasciarci intrappolare nella dicotomia tra l'Occidente "emancipato, globale" e l'Oriente "oppressivo, provinciale", se riusciamo a resistere all'impulso di congedare su due piedi le donne di Neshat soltanto perché indossano il velo, scopriremo che esse sono personaggi che si sanno imporre con grande forza. Allargando il campo dell'azione e dell'immaginazione, sfidando la distribuzione tradizionale del potere e dello spazio, comunicano temi d'interesse universale senza compromettere la propria specificità culturale.

Quando Neshat lasciò la sua terra natale nel 1974 per studiare arte all'Università della California di Berkeley (MFA, 1982), l'Iran era al culmine della sua spinta di modernizzazione. Quando ritornò nel 1990, restò "sconvolta" dai "paurosi ed eccitanti cambiamenti", dall'"enorme differenza" tra ciò che ricordava della cultura iraniana e ciò che vedeva sedici anni dopo[1]. Stimolata a tornare al suo lavoro artistico e a una carriera che aveva messo da parte dopo aver finito gli studi, cominciò a fotografare se stessa coperta da un velo, ispirata dalla legge del 1983 che aveva istituito l'obbligo del chador.

Anche se secondo Neshat *Unveiling* e *Women of Allah* (1993) "hanno quella specie di ingenuità che è propria dell'artista che vive all'estero, torna in patria e cerca con molta sincerità di capire"[2], questi lavori riflettono nondimeno la centralità del corpo femminile nel dibattito politico post-rivoluzionario. Il corpo femminile, a volte considerato bandiera e simbolo dell'orgoglio nazionale, a volte invece ritenuto emblema di vergogna e umiliazione, ha avuto un forte impatto sulla coscienza individuale e collettiva degli iraniani. I tentativi di restaurare vecchi ordinamenti o di spazzarli via, di stabilirne di nuovi o di cancellarli, hanno spesso ruotato intorno al corpo femminile. Le donne furono spogliate a forza del velo nel 1936, e ciò fu considerato un segno di progresso. Furono obbligate a rimettere il velo nel 1983, e ciò segnò la ricostruzione di un'identità islamico-iraniana a livello transnazionale. Visto il potere di quest'arma, le donne hanno usato il loro corpo per sfidare l'autorità, per mostrare identità ideologiche, per far nascere coalizioni politiche. Per esempio il trucco, nell'Iran post-rivoluzionario, è venuto a contrassegnare lo spazio tra autocrazia e democrazia. In tempi di tolleranza politica, fioriscono i colori su visi mani e piedi delle donne, le sole zone di un corpo femminile che non hanno bisogno di essere coperte dal codice obbligatorio di abbigliamento. Analogamente, quei colori sbiadiscono in tempi di repressione politica e svaniscono quando la reazione si scontra con la riforma.

Nelle sue serie fotografiche, Neshat cattura la natura non violenta, non militare e soprattutto estetica della resistenza delle donne iraniane. Concentrandosi sulle complesse relazioni testuali tra corpo e velo, nelle sue fotografie trasferisce su visi mani e piedi scoperti una scrittura calligrafica persiana, spesso versi squisitamente ribelli di pionieristiche poetesse. Dando voce al corpo e corpo alla voce, commemora la sfida delle donne iraniane nel momento stesso in cui lei iniziava la sua carriera artistica.

Ma dopo aver usato per alcuni anni la macchina fotografica "ferma", Neshat sentì "il bisogno di andare avanti" per passare a un'espressione multimediale delle sue idee e a una "sequenza coreografata di immagini"[3]. Voleva "fare un lavoro che fosse più lirico, filosofico e poetico"[4]. Influenzata "dalla visione, dalla poesia, dal linguaggio visivo e dall'indipendenza" di Abbas Kiarostami, il celebre regista iraniano, cominciò a fare esperimenti con il film, mescolando le tradizioni cinematografiche dell'Iran e dell'Occidente. Era "in cerca di una nuova forma di linguaggio che permettesse flessibilità, ambiguità e un'ampia gamma di possibilità"[5].

Neshat tornò ripetutamente a visitare il suo Paese natale e prese a interessarsi sempre di più alla "questione della separazione dei sessi e alla sua relazione con il tema del controllo sociale e dell'ideologia"[6]. Puntò il suo obiettivo sulla distribuzione sessuata dello spazio. *Anchorage* (1996), proiezione video su un solo monitor, e *The Shadow under the Web* (1997) segnano il suo passaggio a una visione più poetica, più matura. Sono seguiti da *Turbulent*, *Rapture* e *Fervor*, che ritraggono le strutture di oppressione che definiscono la vita delle donne iraniane, e al tempo stesso la loro incessante trasgressione di quelle stesse strutture. Nella sua *Trilogy* emergono due descrizioni dell'essere donna in concorrenza tra loro: una miscela paradossale di conformismo e rivolta, di adattamento e protesta, di sottomissione e resistenza. Entrambe sono una risposta alla limitazione dell'accesso delle donne alla sfera pubblica.

La segregazione sessuale colpisce la vita delle donne iraniane da parecchi secoli, ma è solo alla metà dell'Ottocento che le donne cominciano ad apparire sempre più spesso nei luoghi pubblici. Dapprima lenta, e spinta dalle forze della modernità, la fine della segregazione ebbe inizio negli anni Quaranta e Cinquanta del Novecento. Ma a mano a mano che le donne cominciavano a lasciare la clausura delle loro case e a rimodellare quei territori che prima erano dominati dagli uomini, crebbe l'ansia per il crollo della struttura morale della società. Quest'ansia raggiunse il suo apogeo nella Rivoluzione islamica del 1979, che riaffermò il controllo maschile sullo spazio pubblico. In questo periodo migliaia e migliaia di donne furono costrette al pensionamento anticipato; molte persero il lavoro; molte lasciarono il Paese. Sparirono le cantanti-donna. La loro carriera terminò nel momento in cui furono costrette al silenzio, all'esilio o a entrambi. Persino i loro dischi e le loro cassette furono distrutti.

All'origine di *Turbulent* (1998), Leone d'Oro alla Biennale di Venezia, sta la nuova imposizione del velo alla voce femminile. Quest'opera cattura le grida del silenzio coatto e allo stesso tempo la sfida delle donne ai divieti legati alla parola. Perché le norme e i valori che regolavano l'occultamento fisico della donna erano stati applicati ugualmente alla sua voce. Dal silenzio dipendeva non solo la castità di una donna ma anche, in larga misura, il suo fascino e la sua attrattiva. Schiva e muta, la donna ideale non doveva far sentire in giro la sua voce. Se la lasciava circolare liberamente, era una chiacchierona, una pettegola, una ciarlona, una zabetta, una brontolona, una donna con la lingua lunga. Visti tutti questi divieti, non sorprende che il primo concerto di una donna al Grand Hotel di Teheran abbia avuto luogo nel 1924. In quell'occasione, incurante delle difficoltà (minacce di morte incluse), la pioniera Qamar al-Moluk Vazirizadeh tolse il velo al proprio corpo e alla propria voce, segnando l'apparizione delle cantanti-donna nell'Iran contemporaneo.

Con la sua trama minimalista ma rivelatrice, *Turbulent* mette in scena in modo efficace il rinnovato divieto per le donne di cantare in pubblico, emesso nel 1979, e il loro successivo rifiuto di essere messe a tacere. Maestra di economia, Neshat dimostra che i vuoti, gli interstizi, le ellissi possono essere altrettanto potenti dell'espressione letterale. La parte non cantata è importante come la parte cantata. Dando una struttura alla segregazione sessuale, il film presenta

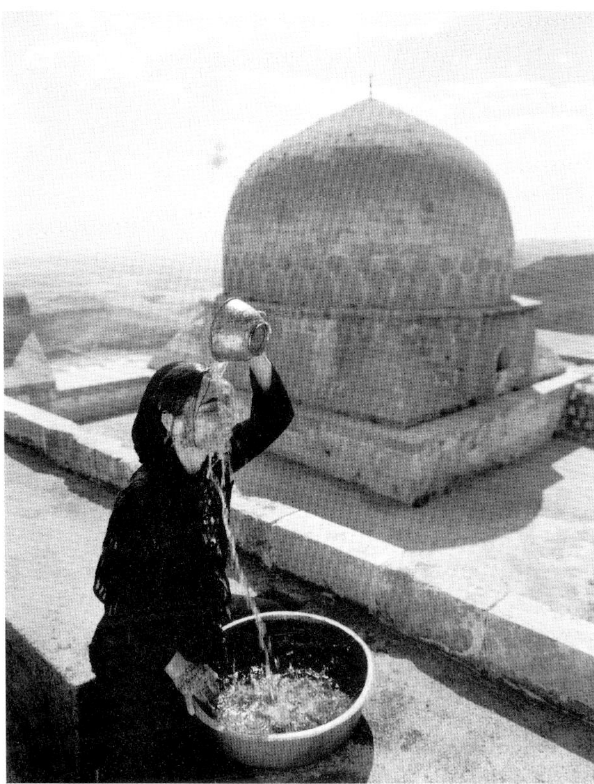

Soliloquy 1999

due schermi su cui sono proiettati due mondi separati. Su uno degli schermi, un uomo, magistralmente interpretato da Shoja Azari, interpreta un appassionato canto d'amore di Rumi, mistico iraniano del Duecento e poeta più venduto in America. Sull'altro, la talentosa cantante e compositrice Sussan Deyhim canta in completo isolamento per una sala paurosamente vuota. Corpo coperto, voce attutita, attende pazientemente il suo turno. E appena Azari termina il suo canto, la sua voce ingabbiata prende completamente il volo. Canta al mondo e il mondo ascolta. E l'agitazione ha inizio. Libera da legami con il linguaggio e con le regole, Deyhim canticchia a bocca chiusa, guaisce, ulula, borbotta, afferra il microfono, geme, emette lamenti. Con tutta la forza della passione repressa, trasmette sensazioni più eloquenti di qualunque parola, più universali di qualunque linguaggio. Il suo canto è un arazzo di voci, un mosaico di voci primordiali. Ora ritmico come il battito del cuore, ora intenso come la voce dell'amore, della rabbia o della paura, ora implorante, singhiozzante e luttuosamente lamentoso, ora estatico e orgasmico, è il canto di un'anima. Pieno di intensità, non può sottostare a regole o censure. Il cantante e il suo pubblico interamente maschile sono sgomenti, pietrificati in un silenzio pieno di meraviglia.

La segregazione sessuale non si limita a coprire di un velo la voce femminile: marca anche la vita pubblica come territorio maschile. Il termine *chador* significa "tenda", e davvero il velo, per secoli, ha funzionato come una casa portatile, recintata, ridotta alla dimensione di un corpo femminile. La distribuzione sessuata dello spazio, comunque, ha una rilevanza generale, e il desiderio di limitare lo spazio delle donne non è peculiare di una sola cultura o religione. Consacrate dalle nozioni di bellezza, desiderabilità, sicurezza, moralità o religione, molte culture hanno posto un freno alla libertà di movimento delle donne. La fasciatura dei piedi ha ostacolato le donne cinesi per quasi dieci secoli. Il purdah teneva confinate le donne indù. Le streghe venivano condannate perché non rispettavano i limiti. Di fatto, ancora oggi vengono rappresentate a cavallo del loro manico di scopa, proprio il simbolo della loro domesticità trasformato in veicolo magico capace di trasportarle in luoghi "proibiti". Le barriere invisibili per le donne esistono ancora nel Ventunesimo secolo.

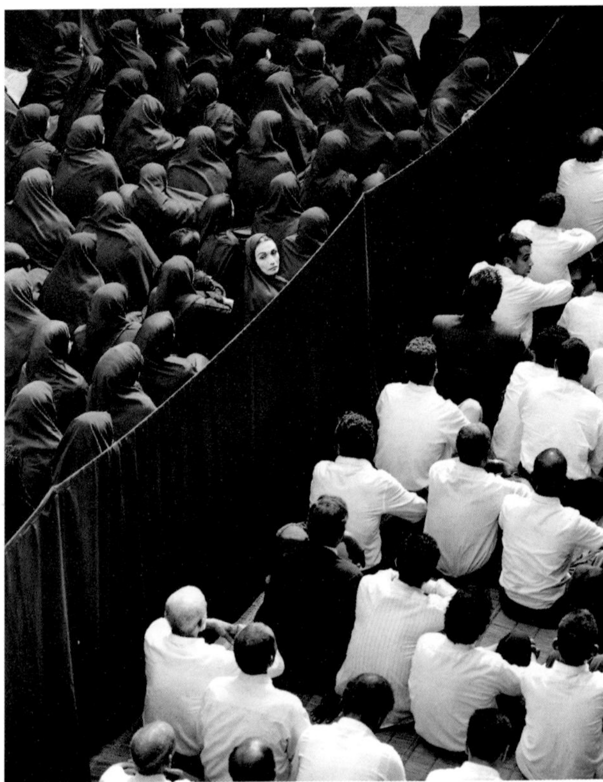

Fervor 2000

Le metafore binarie e sessuate del movimento e della costrizione sono le basi di *Rapture* (1999), un'installazione composta da due film in bianco e nero sincronizzati proiettati su due muri uno di fronte all'altro. Su uno dei due schermi viene raffigurato un mondo maschile, un mondo di un centinaio di uomini. Srotolano tappeti, scatenano risse, urlano, spingono, tirano, trasportano scale e vi salgono, battono le mani, ma non lasciano mai la fortezza. Uniti dall'abbigliamento, tragici nella loro prigionia, sono rinchiusi in un carcere immenso come secoli di velo interiorizzato.

Sullo schermo di fronte, un uguale numero di donne velate rovescia gli stereotipi tradizionali, piegando le regole legate al genere sessuale. Libere da coercizioni spaziali, vagano libere per deserti e oceani di spazio non strutturato, pregano, suonano tamburi, lacerano il silenzio con le loro voci. Sei di loro, aiutate dalle altre, fuggono e prendono il largo con una barca, mezzo mitico di trasporto verso territori proibiti. Non sapremo mai se la loro partenza sia una liberazione trionfante sulle onde che danzano oppure un suicidio di massa in un oceano che le inghiotte. Tutto ciò che capiamo è che sei donne stanno usando i loro veli gonfi di vento come vele, viaggiando nell'ignoto per esplorare nuove forme di potere e di azione.

Gli uomini restano indietro, ad aspettare e a salutare con la mano le donne che partono. È un rovesciamento affascinante. Tradizionalmente, gli uomini erano i vagabondi autorizzati, i giramondo, mentre il libero movimento delle donne al di fuori della portata coercitiva dei guardiani maschi era proibito e visto come pericoloso. Ci si aspettava che la donna ideale conducesse un'esistenza rinchiusa che non si intromettesse nel mondo esterno e non vi si mescolasse. Rimaneva "al suo posto", salutando con la mano gli uomini che partivano. *Rapture* ridefinisce il velo celebrando la mobilità fisica delle donne. Anche il titolo riflette la centralità del movimento come traslato. Etimologicamente, *rapture* ("rapimento") significa piacere estatico ma anche passaggio a un luogo felice.

Il rischioso vagare di queste donne imita le promesse e i rischi dei viaggi interculturali e trasgressivi della stessa Neshat. Coglie il fatto che la sua arte è esposta a errori di traduzione e di lettura, e al tempo stesso coglie i pericoli che nascono dal passaggio di significato tra due culture, tra due diversi campi e codici semantici. Neshat, artista iraniana di nascita, americana di studi, vissuta per la maggior parte del tempo negli Usa, gira i suoi film in Turchia, in Marocco e a New York, rivolgendosi a un pubblico globale con temi che attraversano diverse culture. Come le sue navigatrici, viaggia su traiettorie imprevedibili senza mai perdere i suoi tratti peculiari. Traccia la mappa di territori inesplorati, prova nuove possibilità, percorre le linee d'ombra tra fiction e documentario. Attraversa confini geografici, artistici, linguistici, disciplinari e di abbigliamento con grande agilità, sfumando le linee di demarcazione tra ciò che è nazionale e ciò che è straniero, tra il lecito e il proibito.

Proseguendo nel suo interesse verso la complessa interconnessione che lega lo spazio e le relazioni tra i sessi, in *Fervor* (2000) Neshat esplora il tema degli occhi velati. Lo sguardo, tradizionalmente considerato messaggero del desiderio e sottoposto a rigidi regolamenti sessuali, ha un significato socialmente determinato, potenzialmente pericoloso e dotato di un'alta carica. Gli uomini non possono guardare le donne, la cui visione, come quella di Medusa, dovrebbe essere evitata a tutti i costi. Dotato di potere fallico, questo sguardo proibito è una violazione, un peccato, una forma di stupro visivo. Anche le donne hanno un rigido codice dello sguardo. Devono limitare il contatto abbassando gli occhi. Riluttanti a guardare e a farsi guardare, devono mostrare una timidezza schiva. Devono ammantarsi di una corazza di distacco erigendo un muro invisibile di separazione.

Una delle giustificazioni più forti per la segregazione sessuale è stata la convinzione che tra i sessi nasca facilmente il desiderio sessuale. Un vecchio detto persiano afferma che mescolare liberamente uomini e donne è come avvicinare il cotone al fuoco. Per evitare che il fuoco incenerisca il cotone, occorre tenere lontani uomini e donne. Se il velo, come l'imene, è un impedimento fisico alla tentazione sessuale, la proibizione visiva previene la nascita del desiderio illecito.

Mettendo alla prova questi limiti per entrambi i sessi, *Fervor* ritrae un senso di prigionia che non è esclusivo delle donne. Il film è incentrato sull'incontro casuale tra un uomo e una donna coperta dal chador che si scambiano furtive occhiate di desiderio. Più tardi i due si incontrano di nuovo, per coincidenza, in una sala dove un uomo sta raccontando la storia d'amore più famosa del mondo islamico: il racconto coranico (e biblico) di Zuleikha. L'uomo ha raggiunto un momento drammatico, un punto nodale della storia, quando Zuleikha ha portato Yusuf nella settima stanza del suo palazzo, uno spazio protetto da molti muri, e lì gli dichiara il suo amore adultero e tenta di sedurlo. Il narratore mette in guardia il suo pubblico contro le tentazioni della carne e propugna l'assoggettamento del peccato e del desiderio alla penitenza e alla continenza. Questa retorica della castità e dell'astinenza, comunque, non basta a fermare l'attrazione che fiorisce tra i due protagonisti. Seduti dalle due parti opposte di una tenda che divide a metà lo spazio, continuano a scambiarsi sguardi furtivi. La videocamera simpatizza per i due e fa da tramite. Supera la rigida linea di demarcazione tra i sessi e crea uno spazio per il potenziale dell'amore. Mentre il narratore incita la folla a condannare Satana e a reprimere il desiderio, la donna, confusa, tentata, in preda alla vergogna e alla rabbia, esce in tutta fretta dalla sala. L'uomo la segue. *Fervor* finisce senza che nessuno dei due protagonisti abbia stabilito un contatto fisico o verbale.

È forse possibile riprendere in modo più efficace due cuori che si spezzano? È possibile catturare la passione derubata in maniera più artistica? Con le sue tecniche di montaggio senza giunture e con l'intervento di una videocamera che fa da tramite, Neshat solleva la tenda e scopre uno spazio velato che è insieme riparato ed esposto. Lo spazio segregato, in ogni caso, consente di fluttuare liberamente tra due estremi. Ritrae allo stesso tempo la mediazione e la sospensione del desiderio e la sua soddisfazione, un dilemma umano che non è limitato a una sola cultura.

Il fluido testo visivo di Neshat non si cura dei confini. Esteticamente affascinante e tematicamente ambiguo, il suo lavoro non si ferma mai su un semplice o singolo significato, non fornisce mai una sola risposta o soluzione. È un commento sociale che punta al di là dei limiti imposti e oltrepassa sempre le frontiere. Neshat crea uno spazio di mezzo. Lo spettatore è sempre collocato nell'intervallo tra il particolare e l'universale.

Il fascino concettuale e immaginativo dell'attraversare i confini è reso ancora più esplicito in *Passage* (2001). Con un'urgenza fuori dal tempo, slegata dalle condizioni nazionali, storiche e sociali dell'autrice, dei soggetti e degli spettatori, questo lavoro è una meditazione sulla morte nella nascita e sulla nascita nella morte. Allo stesso tempo spettacolare e obliquo, *Passage*, commissionato da Philip Glass, presenta una narrazione la cui semplicità è ingannevole. Si apre con la splendida visione di un mare calmo. Le dune di sabbia adiacenti sembrano scolpite e la desolata distesa di terreno roccioso fa pensare a un campo di sterminio pieno di teschi. Una falange di uomini emerge a poco a poco dall'orizzonte che si perde in lontananza. Non sappiamo se stiano tornando da un viaggio, dal pellegrinaggio o dalla guerra, dall'esilio o da un'avventura. Mentre la loro marcia collettiva prosegue e il gruppo si avvicina alla videocamera, il cadavere senza bara che stanno portando sulle spalle fa chiarezza sulle loro intenzioni. Vestiti di nero, sereni e in lutto, accompagnano il cadavere nel suo viaggio verso la terra dei morti, verso il luogo dove riposerà per sempre.

Attraversando paesaggi antichissimi, gli uomini in lutto si avvicinano a un gruppo di donne coperte dal chador. Come Antigone che recita il suo impulso primordiale, queste donne scavano una fossa a mani nude. Un po' più lontano, una bambina sta giocando con i sassi, innocentemente ignara di tutto questo. Sta facendo un cerchio, che con l'aggiunta di qualche ramoscello diventa un nido. Appena il corpo avvolto nel sudario viene deposto a terra, si accende un cerchio di fuoco. Solo la bambina e il nido che ha fatto restano fuori dalle fiamme danzanti.

Tutti gli uomini e le donne di *Passage* sono in lutto. Il peso della perdita sembra diviso tra tutti. *Passage* non confina la morte e la decomposizione al regno del privato o del personale. Morte e decomposizione sono dipinte come esperienze sociali condivise, parti integranti della vita e della coscienza sociale. *Passage* traccia la mappa di un viaggio inevitabile, un ritorno al grembo materno della terra, da polvere a polvere, da grembo a grembo.

Con magnifica potenza, *Passage* attinge a immagini archetipe e si affida a simboli grafici e a un linguaggio proverbiale. Il suo paesaggio è una sensuale sinfonia di colori ed elementi: acqua, terra, fuoco e aria. Non-lineare e multidirezionale, la metafora centrale è un cerchio, il principio cosmico di interezza. Le coppie di opposti sono indivisibilmente intrecciate e trattenute in una dialettica complementare. Come Madre Terra presentata sotto le sembianze di colei che dà nascita e accoglie il corpo morto, così vita e morte, viaggio e ritorno, gioventù e vecchiaia, luce e ombra sono presentati come un continuum. Si fondono in un'unica cosa.

La poetica visiva ibrida di Neshat "fonde insieme i fatti e il subliminale". Per usare le sue parole, "questo metodo in un certo senso rende universale il soggetto e permette un'interpretazione più aperta"[7]. Nel mettere l'accento sul particolare, Neshat sottolinea anche i punti di contatto tra le culture a dispetto delle loro differenze. Spostando l'enfasi da ciò che è unico a ciò che si può paragonare, e da un'ottica esclusivamente iraniano-islamica a un contesto più globale, capisce "come un'artista che proviene da una cultura e resta interessata alle risorse di quella possa fare un lavoro che contribuisca a una cultura più ampia"[8].

Magistralmente semplice, concettualmente complesso e sempre più poetico, il lavoro di Neshat contribuisce a un emozionante dialogo tra culture.

1. Lina Bertucci, *Shirin Neshat: Eastern Values*, in "Flash art", novembre/dicembre 1997, p. 86.
2. Susan Horsburgh, *No Place Like Home*, in "Time Europe", lunedì 14 agosto 2000.
3. Gerald Matt, *In Conversation with Shirin Neshat*, in *Shirin Neshat*, Vienna, Kunsthalle Wien, 2000, p. 19.
4. Arthur C. Danto, *Shirin Neshat*, in "Bomb", autunno 2000, p. 63.
5. *In Conversation with Shirin Neshat*, op. cit., p. 23.
6. Shirin Neshat, *On the Trilogy: Turbulent, Rapture, Fervor*, in Bill Horrigan, *Shirin Neshat: Two Installations*, Columbus, Wexner Center for the Arts / The Ohio State University, 2000, p. 21.
7. *In Conversation with Shirin Neshat*, op. cit., p. 15.
8. Mark Sladen, *Framed*, in "Tate", n. 22, estate 2000, p. 18.

L'autore desidera ringraziare Janet Beizer, Shahla Haeri, Deborah McDowell, Farnaz Milani, Kaveh Safa e in modo particolare Bahiyyih Nakhjavani per le loro preziose osservazioni.

Pulse

2001, B/W, 16 mm film, 7 1/2 min length, shot in Morocco

Concept & Direction Shirin Neshat • *Director of Photography* Ghasem Ebrahimian • *Music* Sussan Deyhim • *Actress* Shohreh Aghdashloo
Concept developed with Shoja Azari Youssefi • *Line Producer* Hamid Fardjad • *Producer* Barbara Gladstone • *Art Direction* Shahram Karimi
Costume Designer Noureddine Amir • *Editor* Andrew Sterling • *Still Photography* Larry Barns • *Still Photographer's Assistant* Grumij Fouad
Assistant Director Mamoun Chentit • *Production Manager* Jane Loveless • *Production Assistant* Mustapha Sbia • *Sound* David Ryan

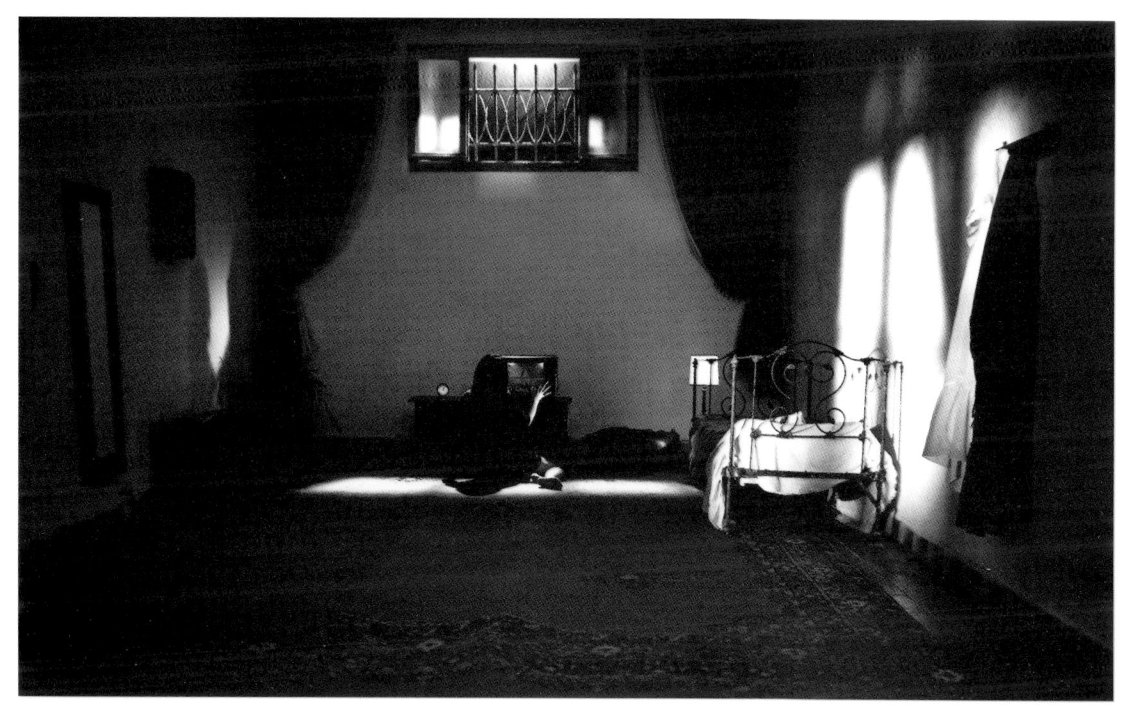

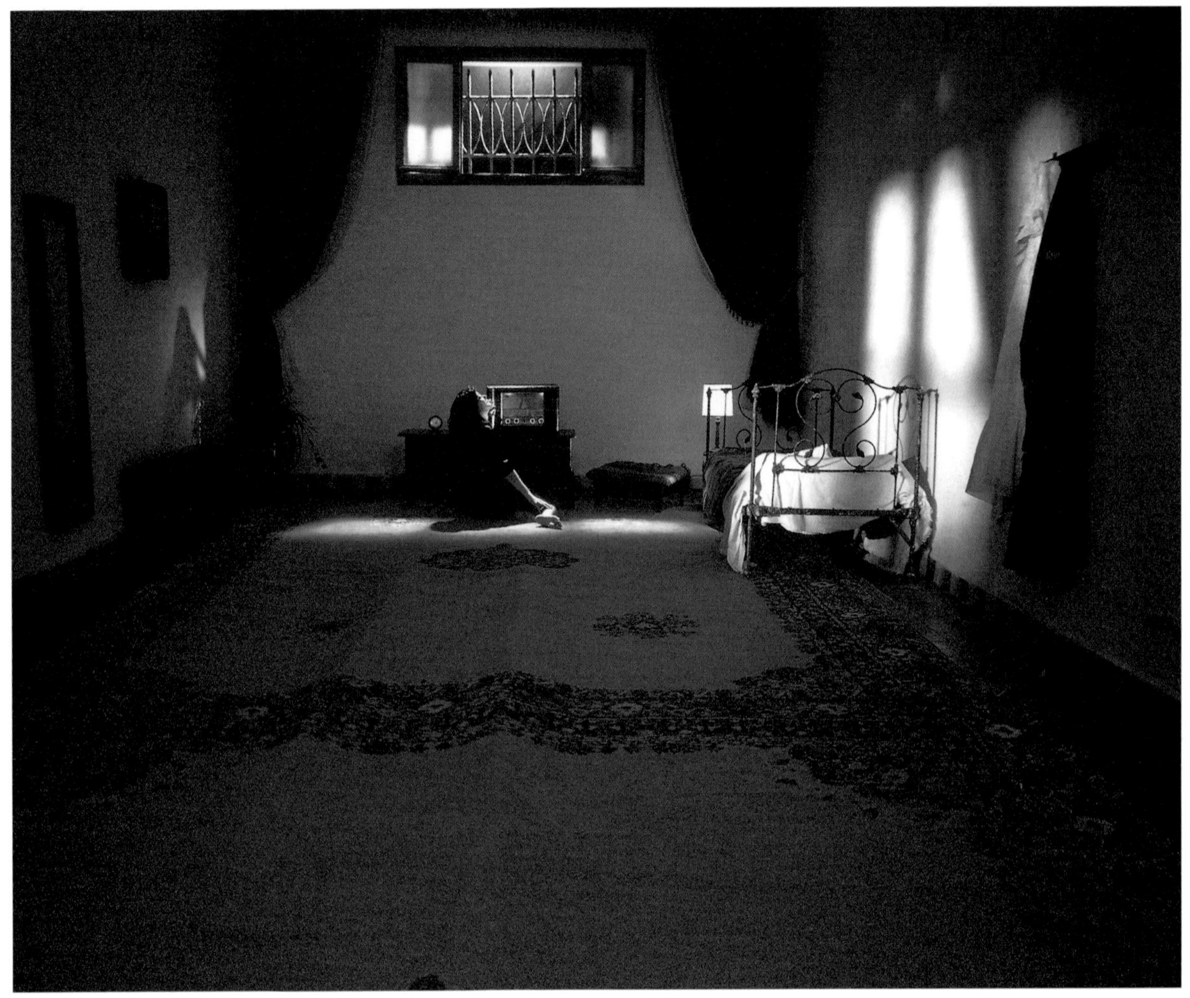

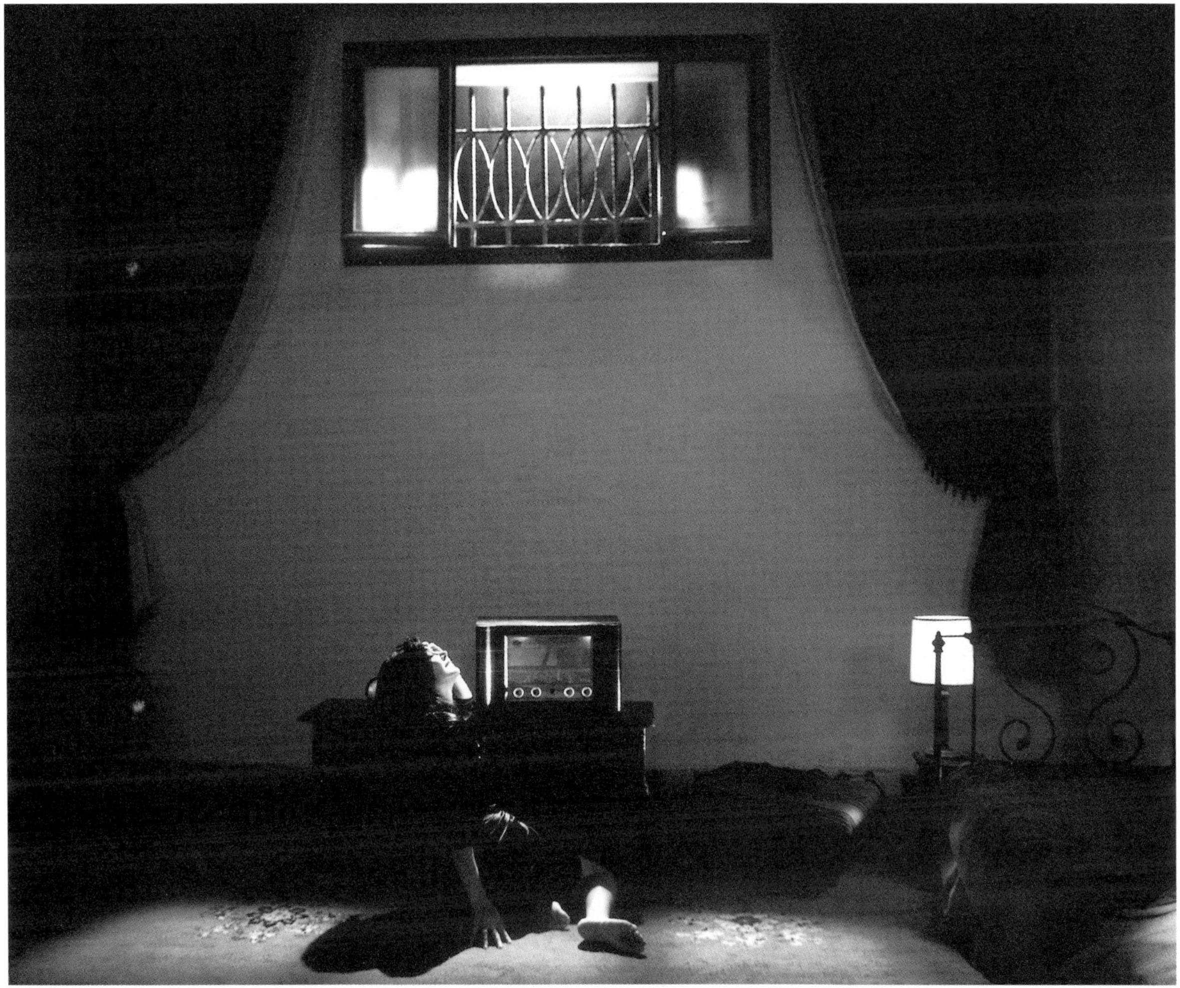

Fetneh

2001, B/W, 16 mm & 35 mm film, 9 1/2 min length, shot in Morocco

Concept & Direction Shirin Neshat • *Director of Photography* Ghasem Ebrahimian • *Music* Sussan Deyhim • *Actress* Shohreh Aghdashloo
Concept developed with Shoja Azari Youssefi • *Line Producer* Hamid Fardjad • *Producer* Barbara Gladstone • *Art Direction* Shahram Karimi
Costume Designer Noureddine Amir • *Editor* Andrew Sterling • *Still Photography* Larry Barns • *Still Photographer's Assistant* Grumij Fouad
Cast men and women of Essaouira • *Assistant Director* Mamoun Chentit • *Production Manager* Jane Loveless • *Production Assistant* Mustapha Sbia • *Sound* David Ryan

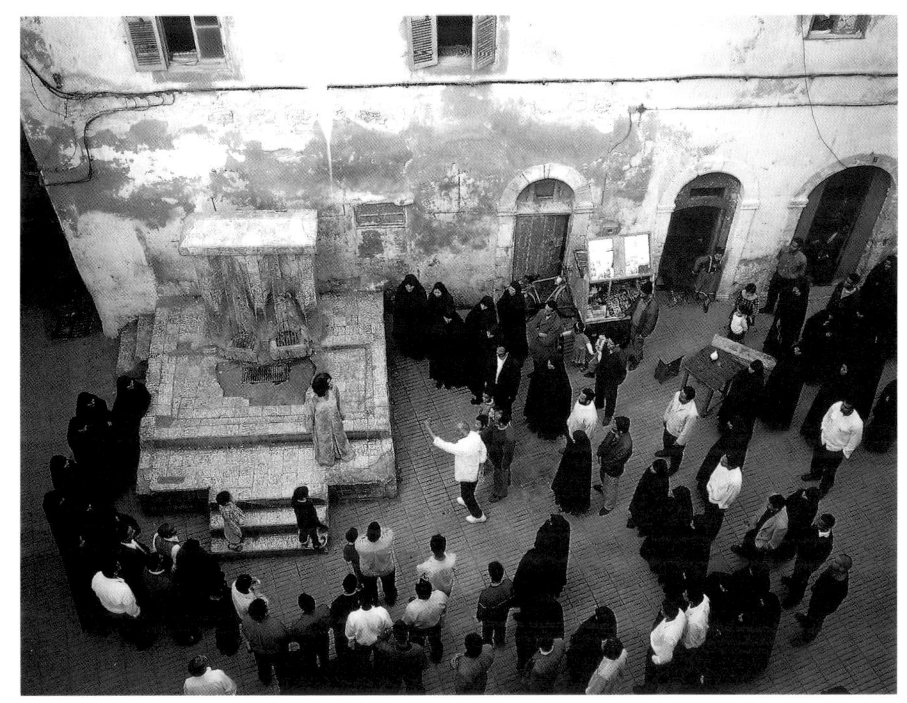

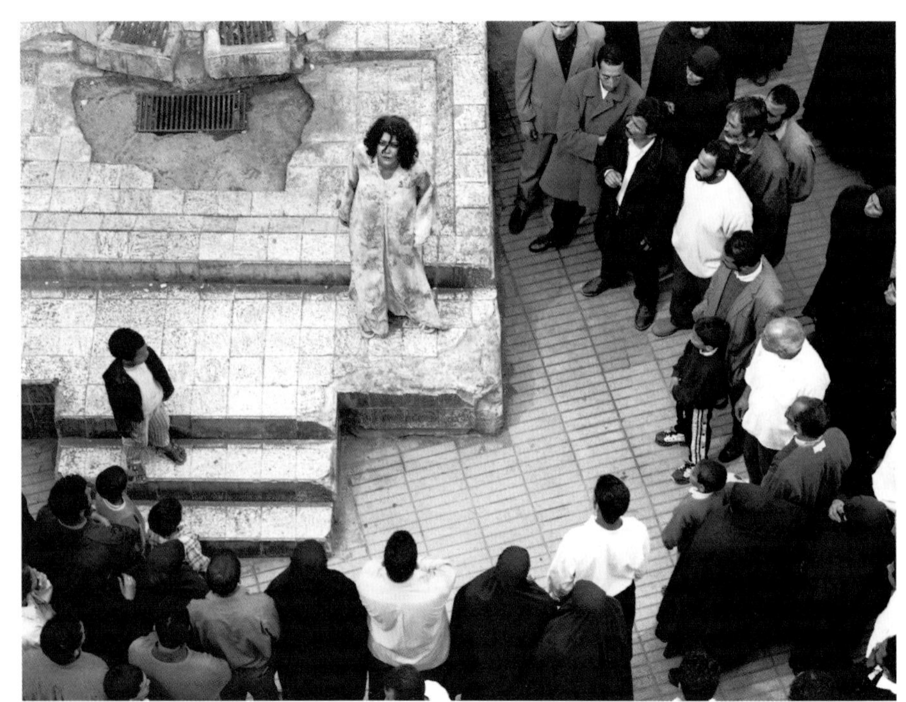

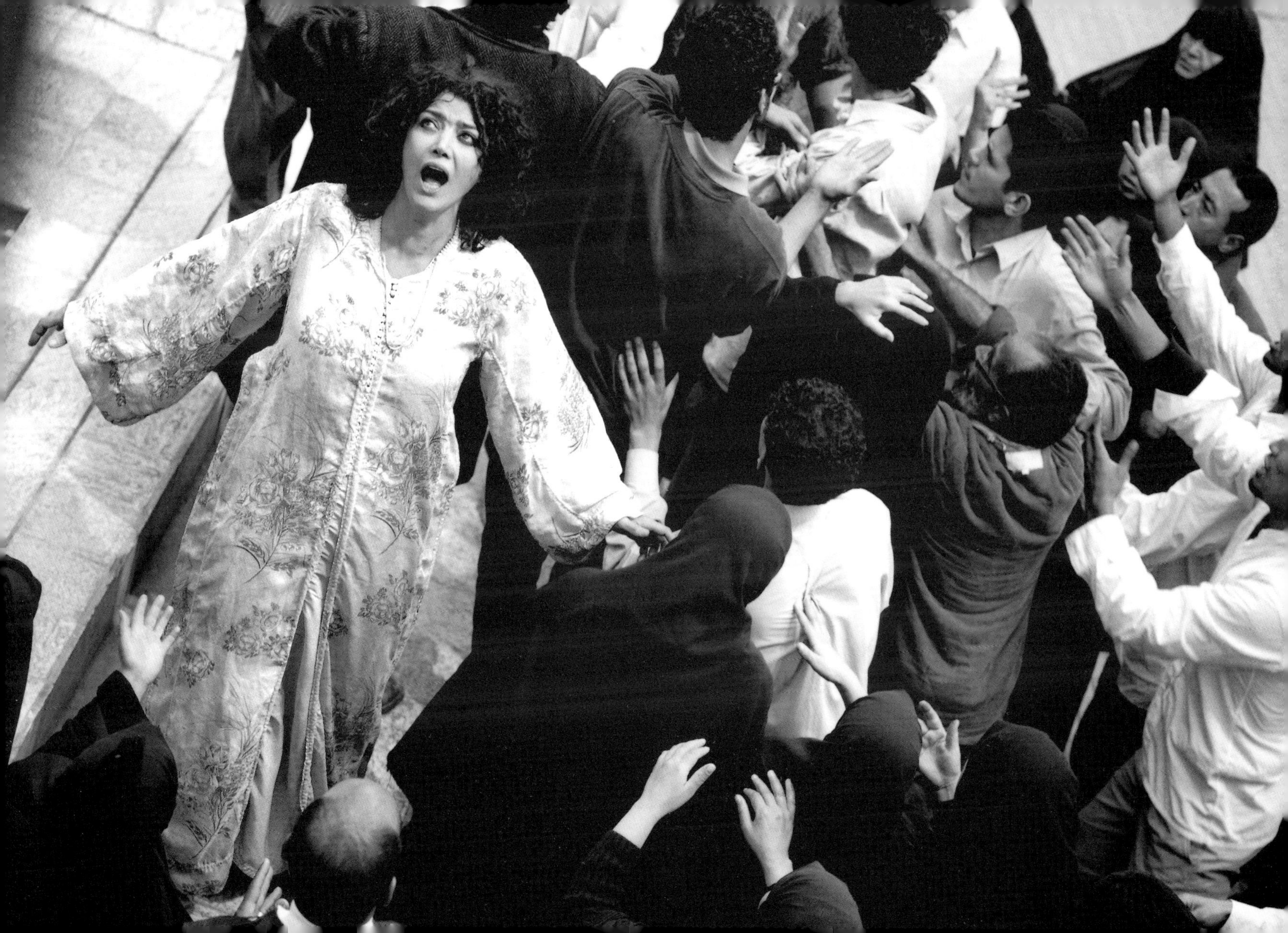

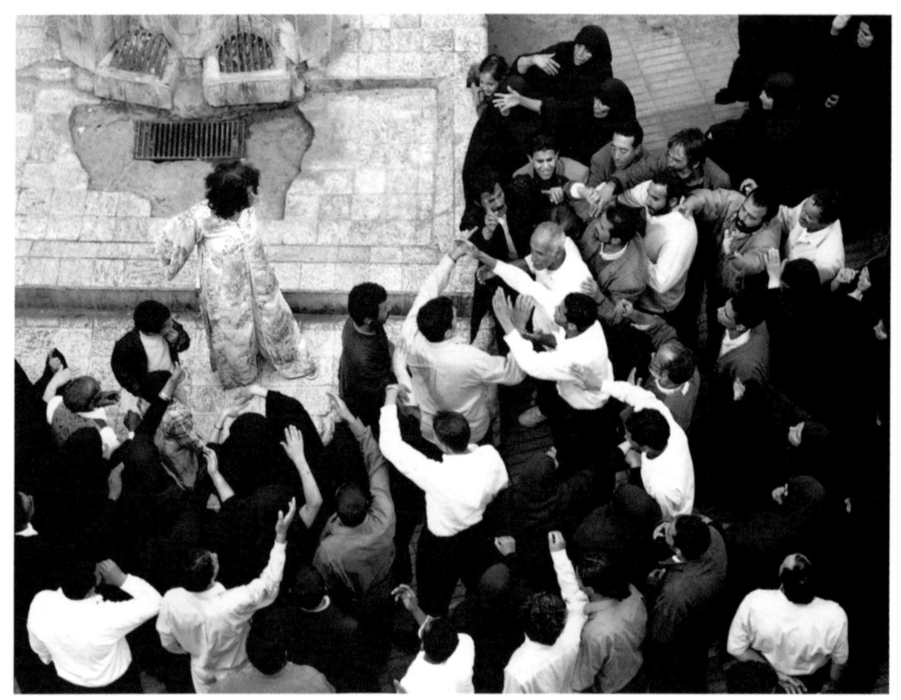

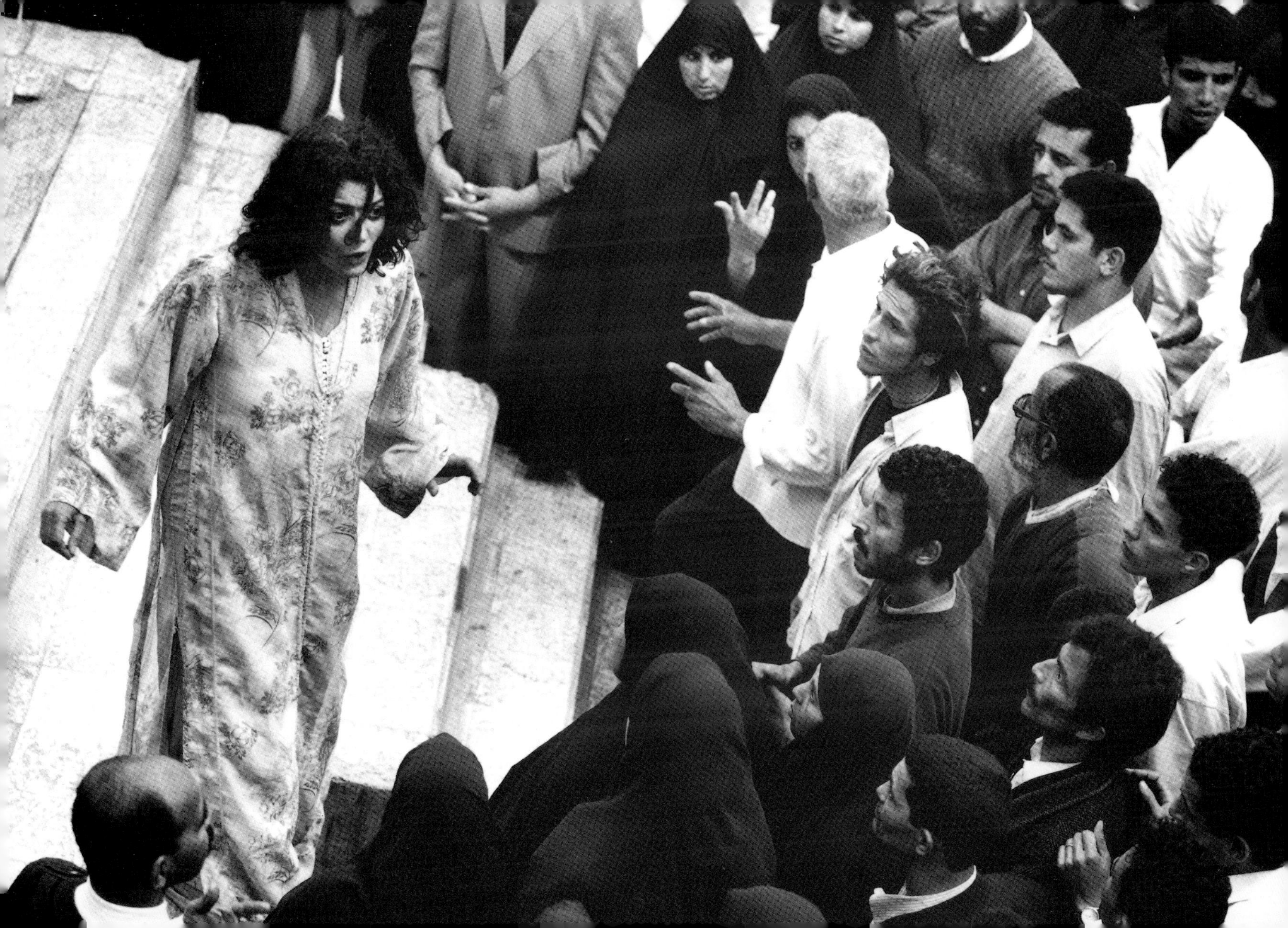

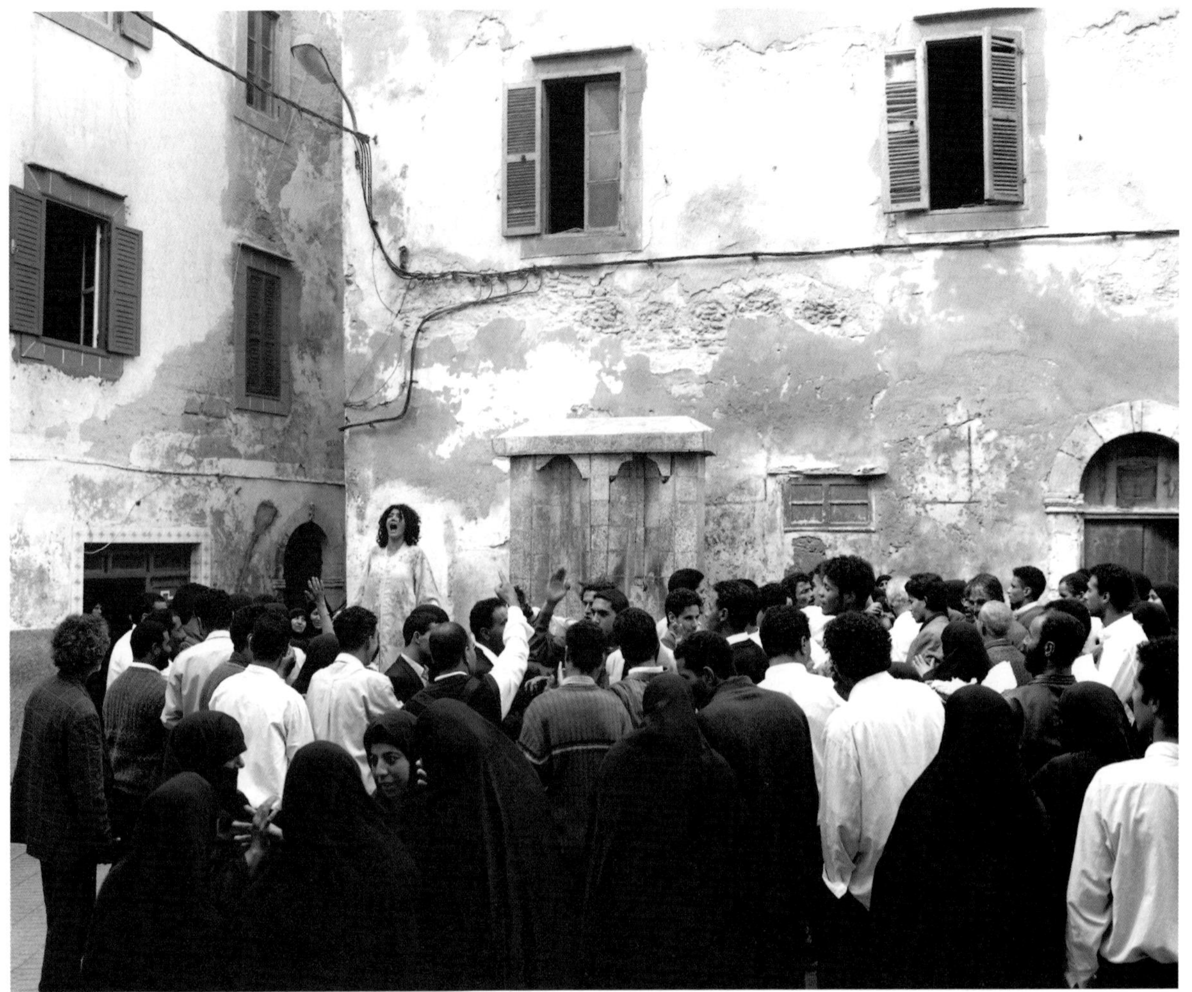

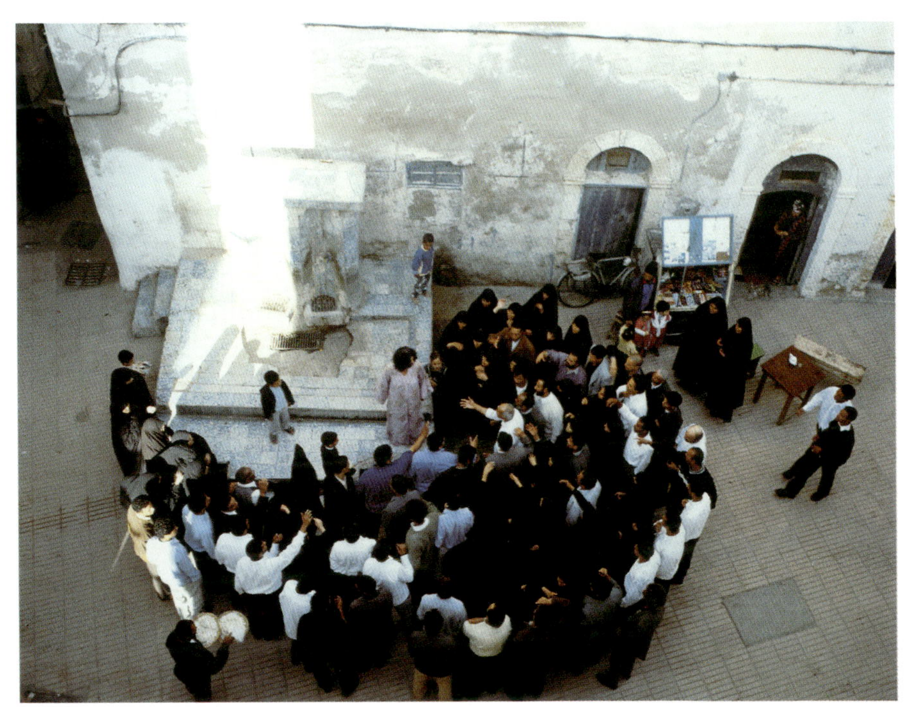

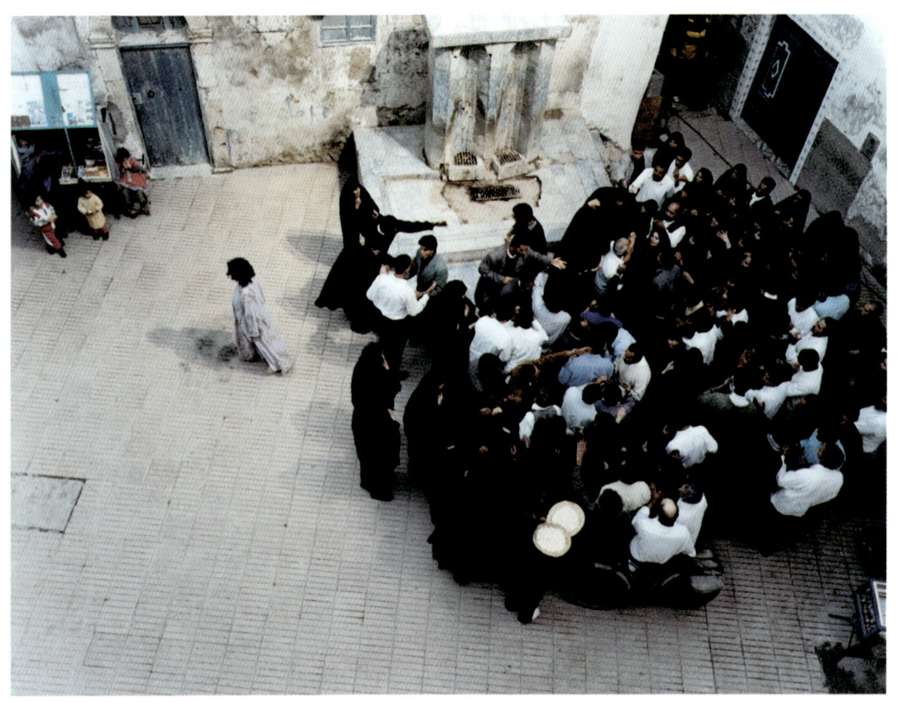

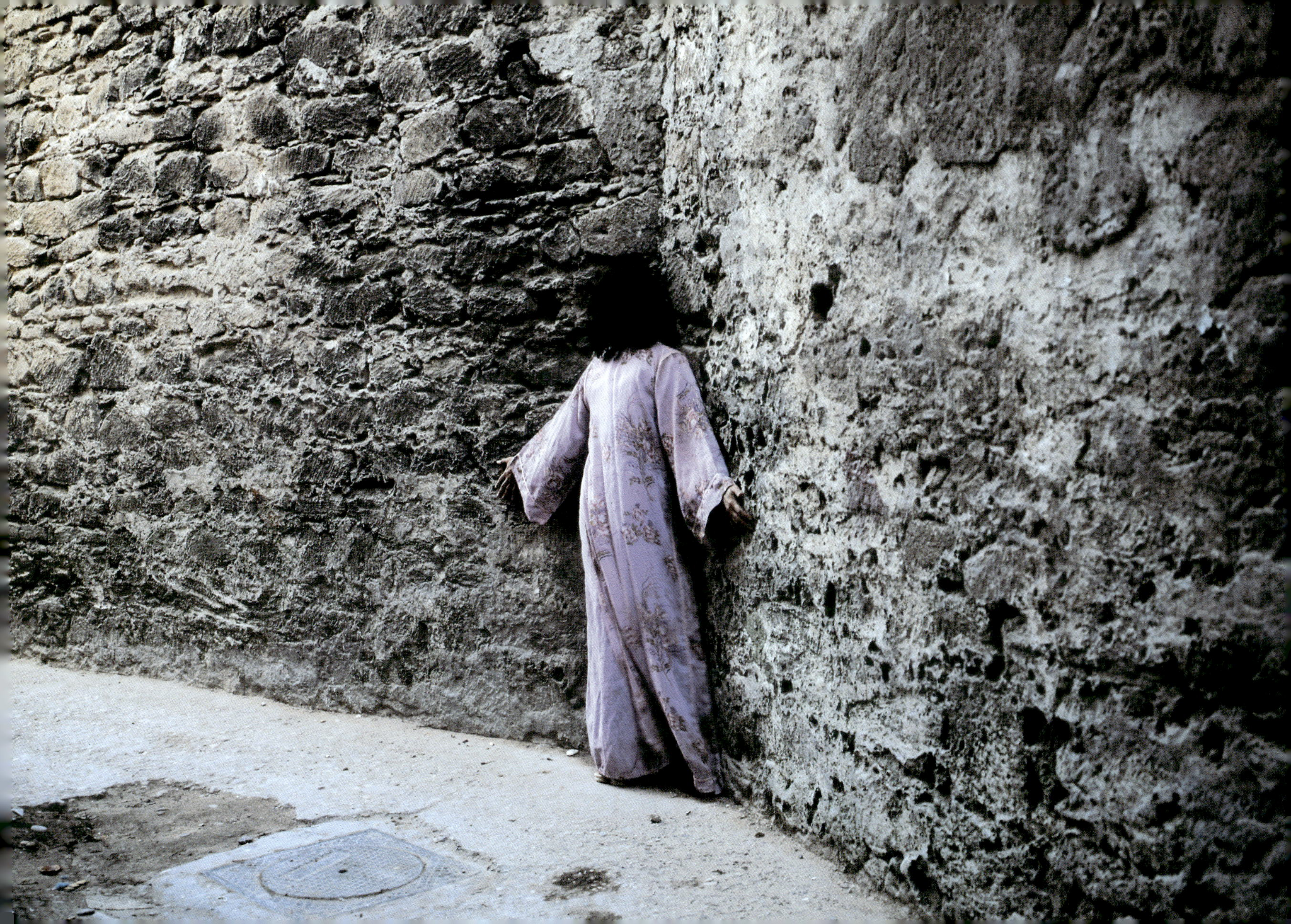

Passage

2001, color, 35 mm film, 11 1/2 min length, shot in Morocco
An audiovisual work by Philip Glass and Shirin Neshat

Visual Direction Shirin Neshat • *Music Composition* Philip Glass • *Director of Photography* Ghasem Ebrahimian • *Concept developed with* Shoja Azari Youssefi *Line Producer* Hamid Fardjad • *Producer* Barbara Gladstone • *Art Direction* Shahram Karimi • *Costume Designer* Noureddine Amir • Editor Andrew Sterling *Still Photography* Larry Barns • *Still Photographer's Assistant* Grumij Fouad • *Actress* Fatima-zahra Chichti • *Cast* men and women of city of Essaouira, Morocco *Assistant Director* Mamoun Chentit • *Production Manager* Jane Loveless • *Production Assistant* Mustapha Sbia • *Sound* David Ryan • *Special Effects* J. Claud Baron

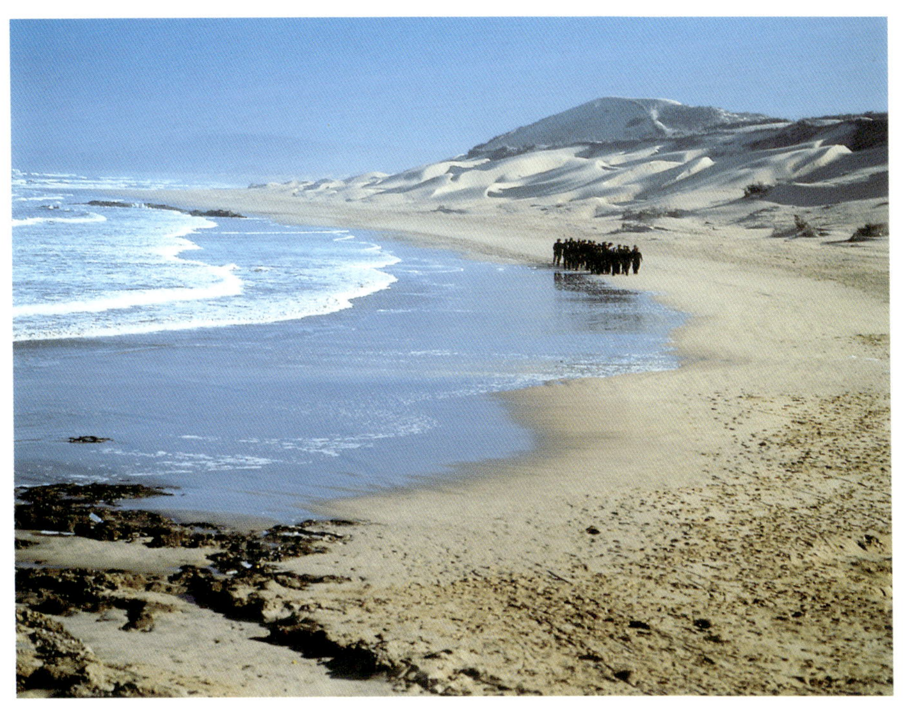

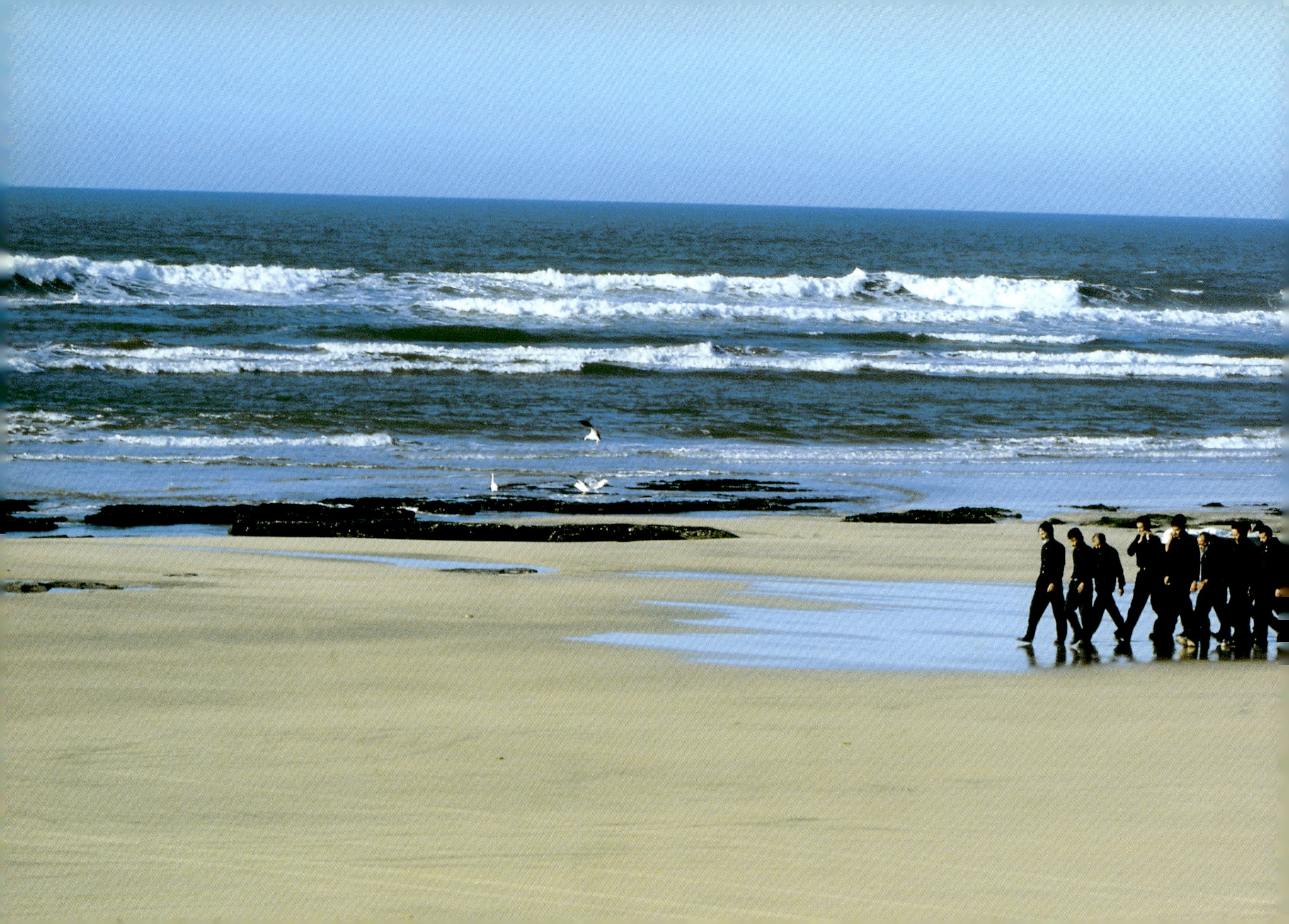

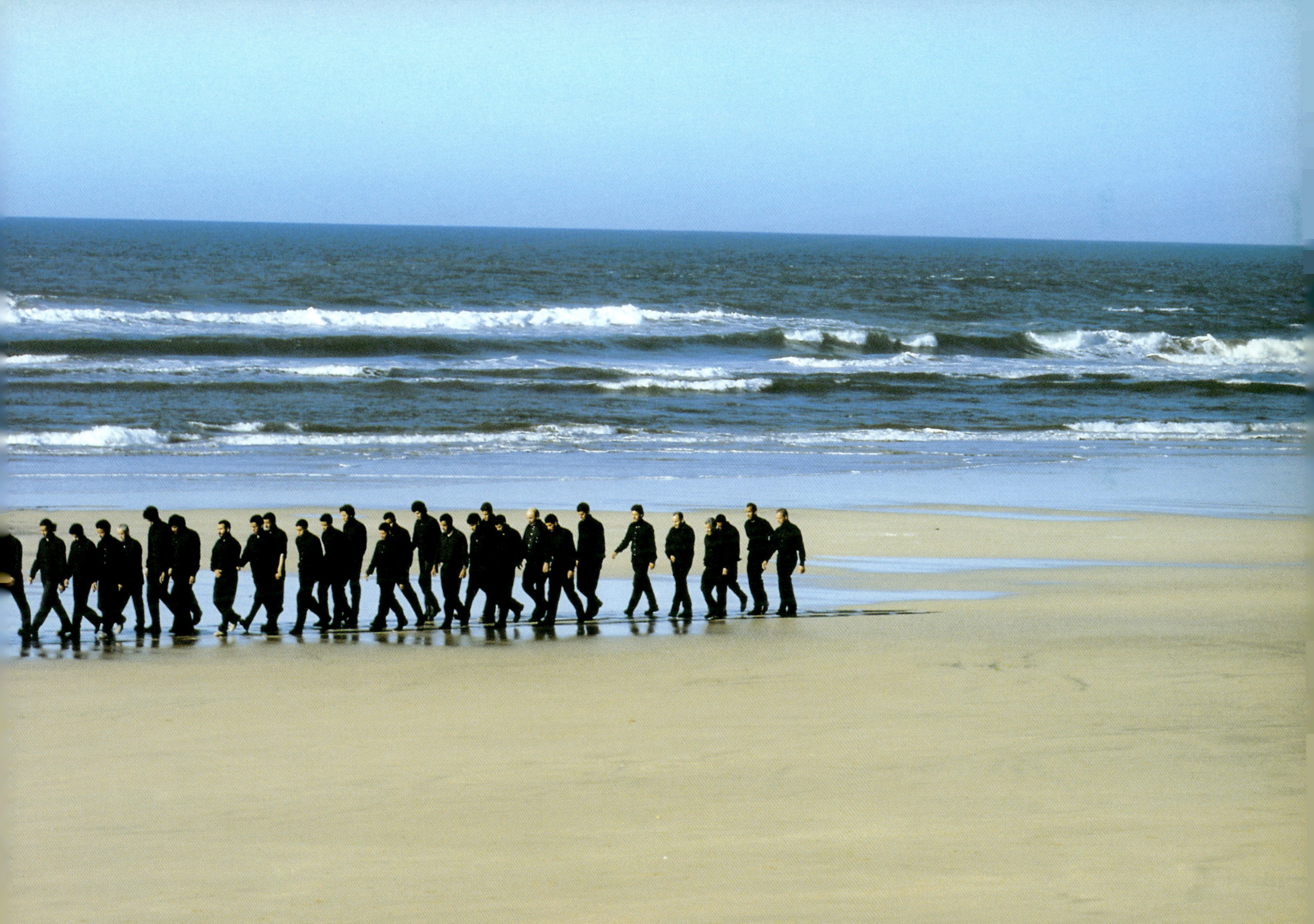

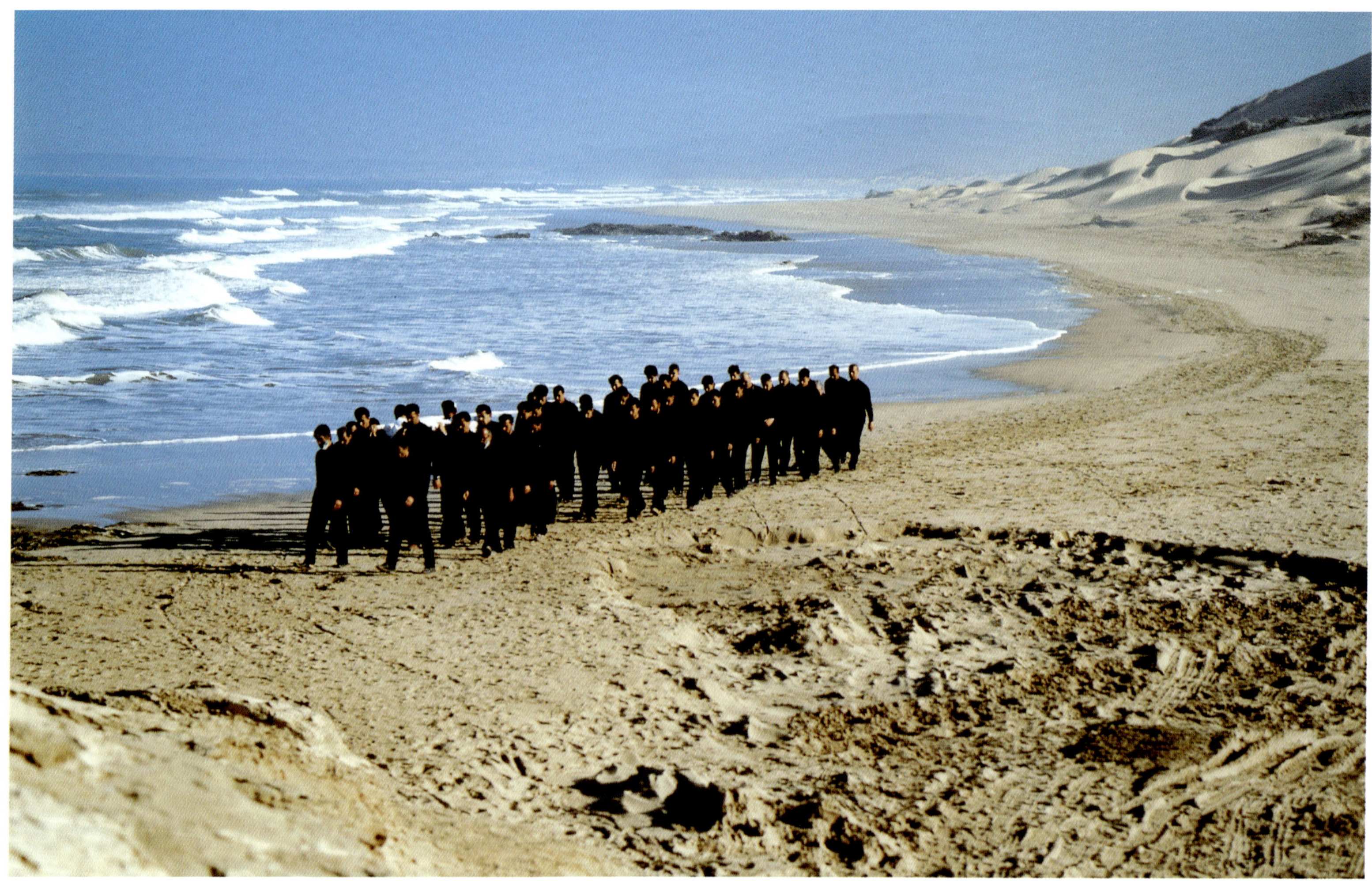

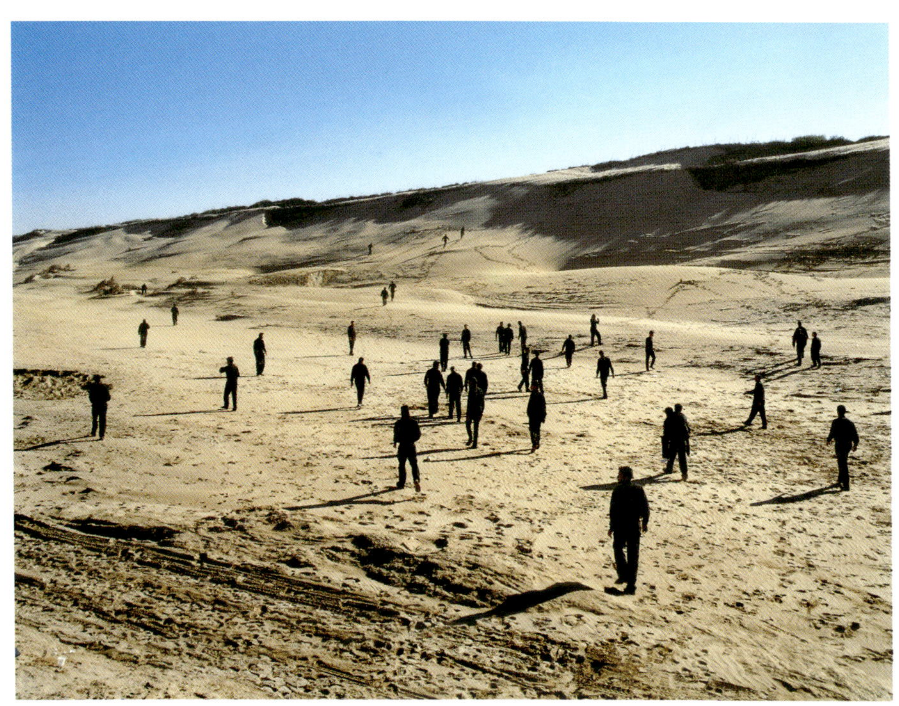

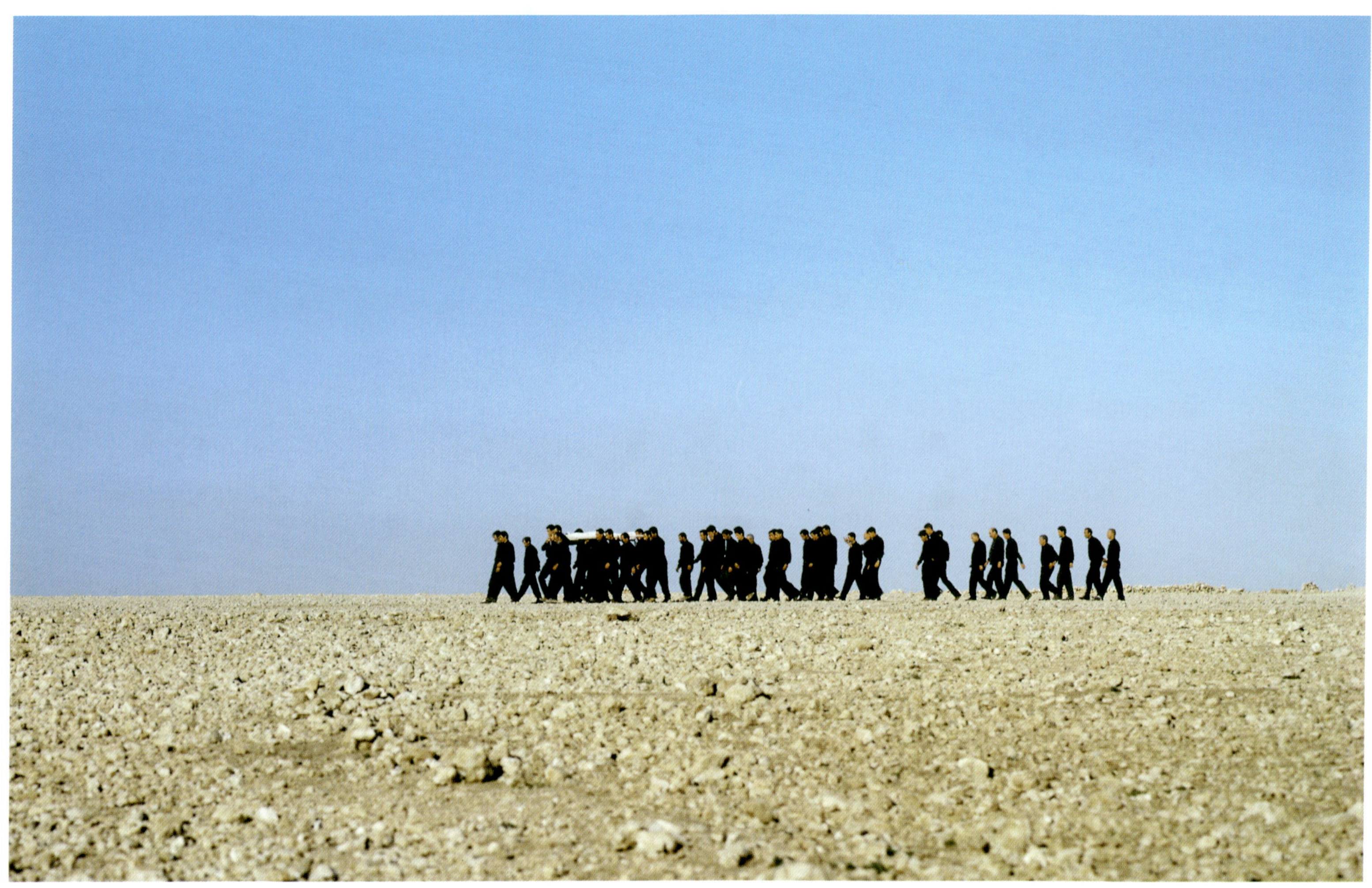

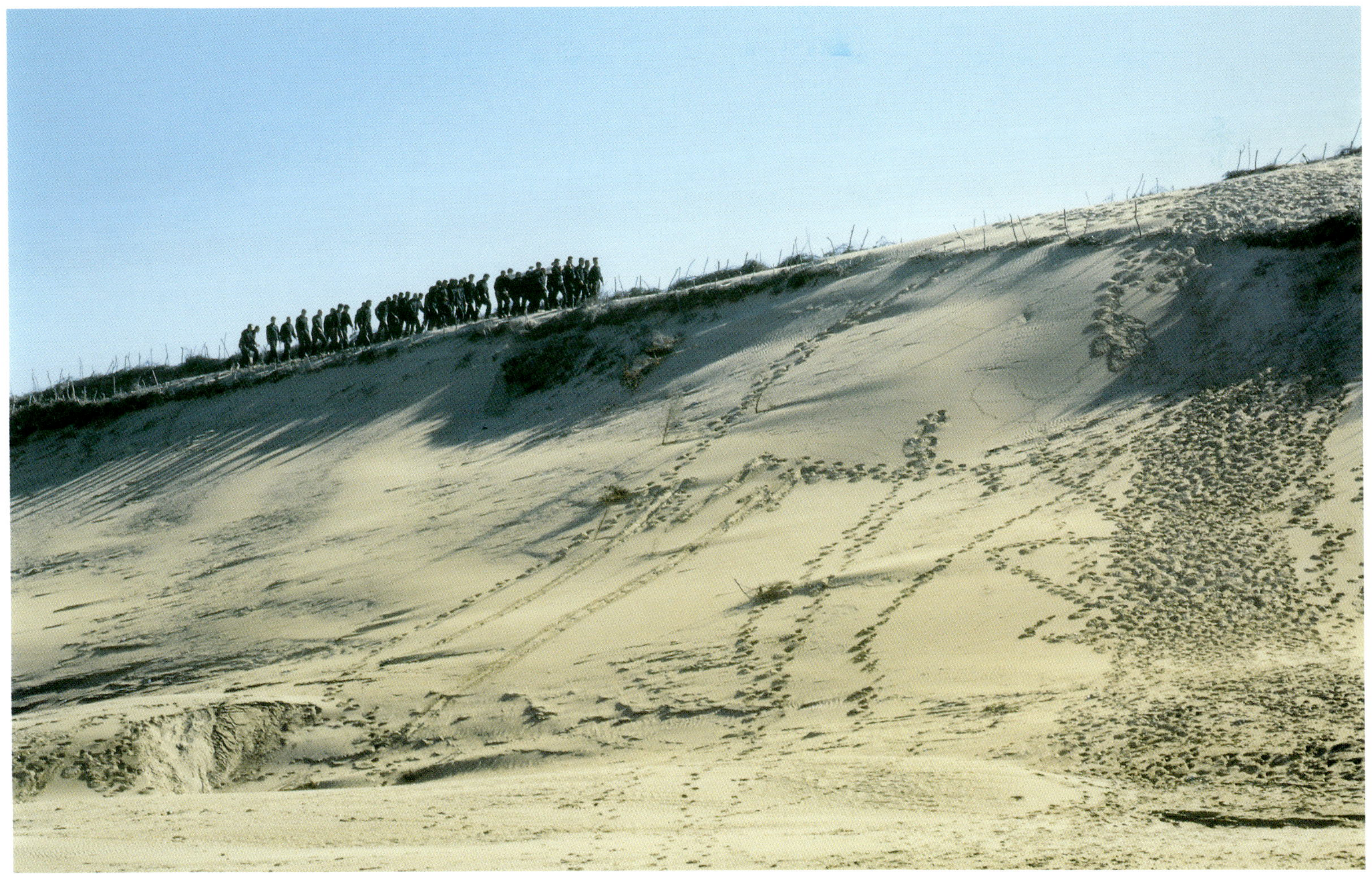

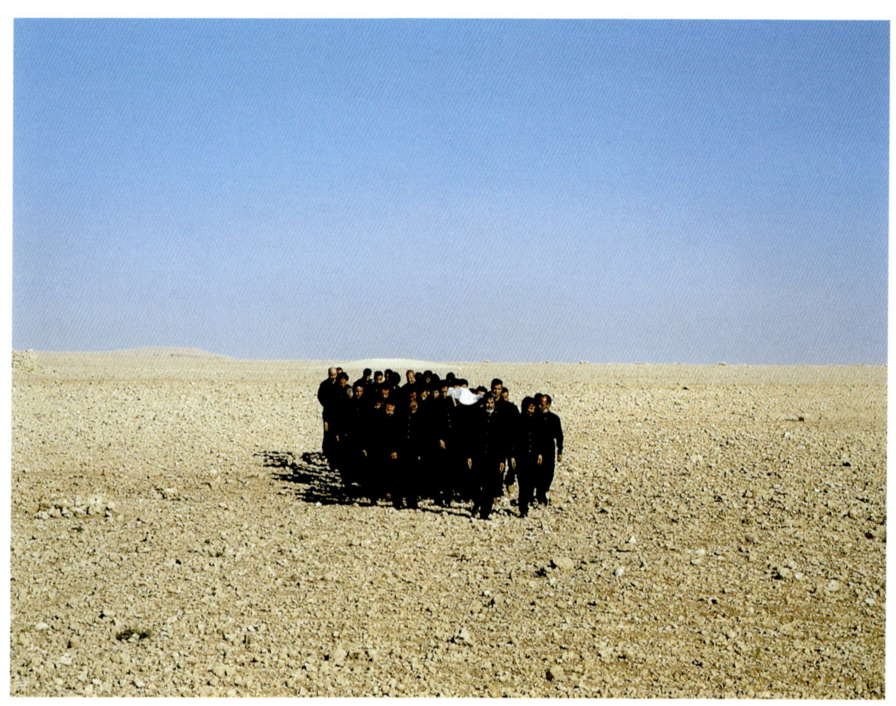

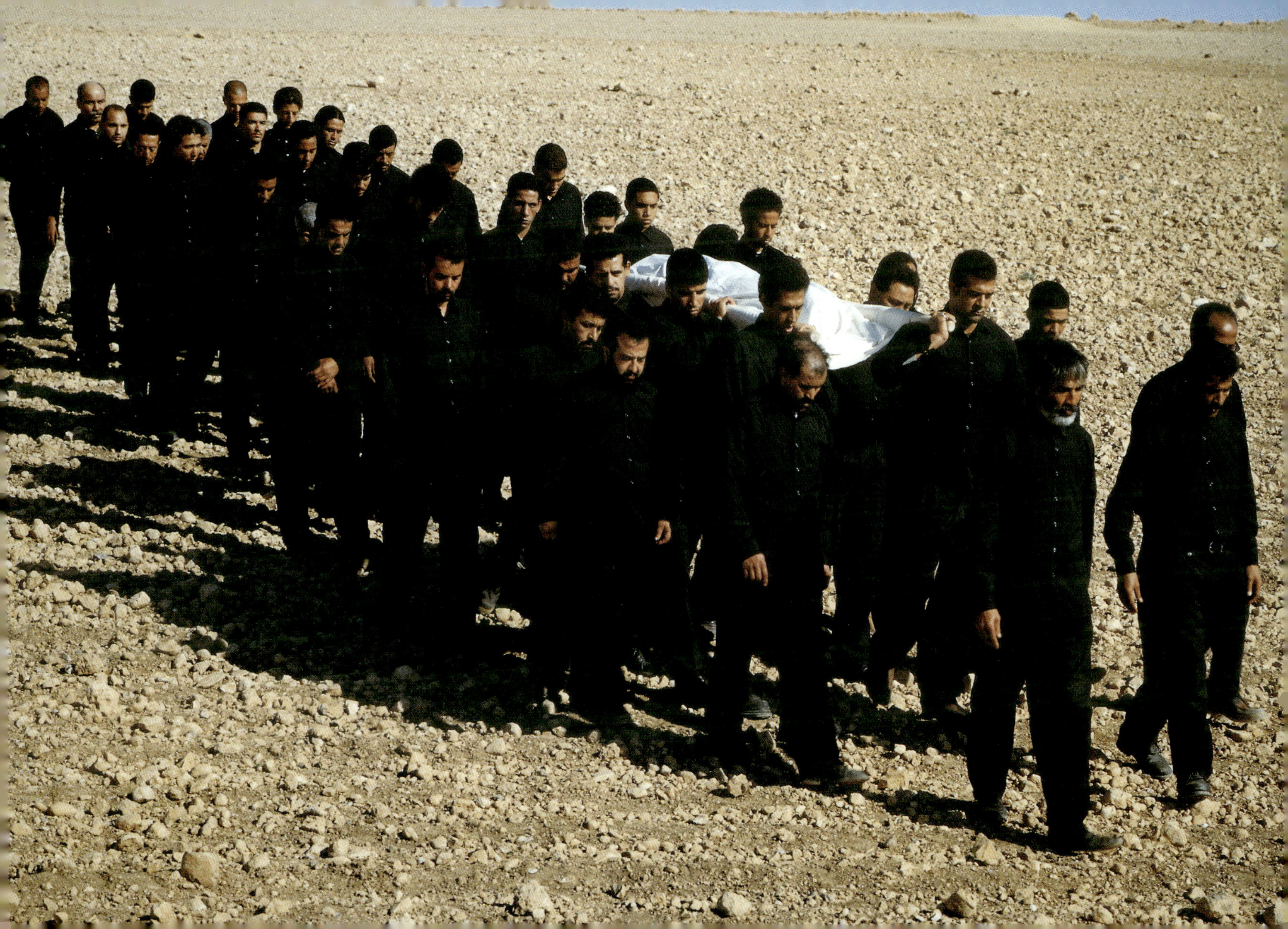

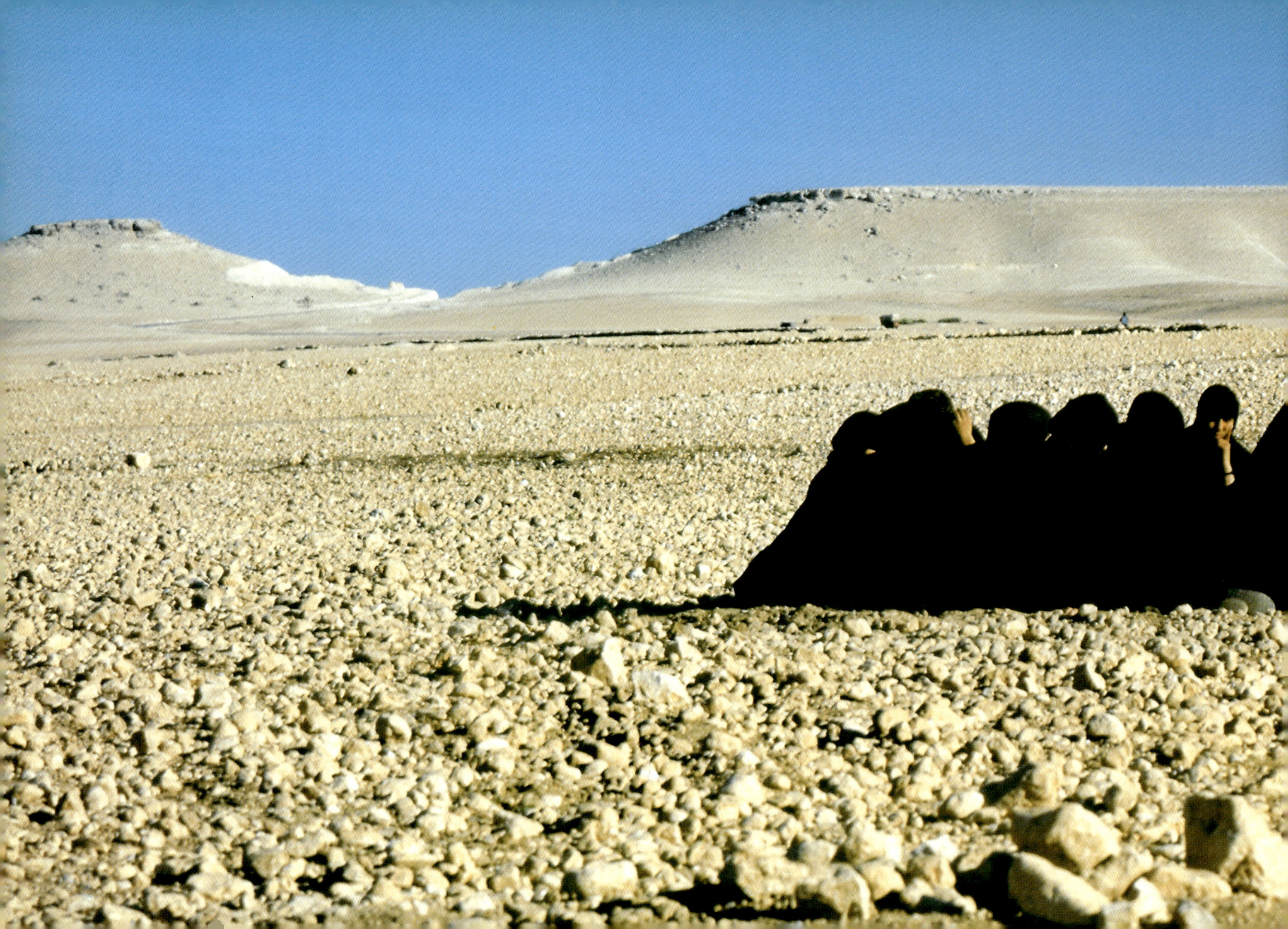

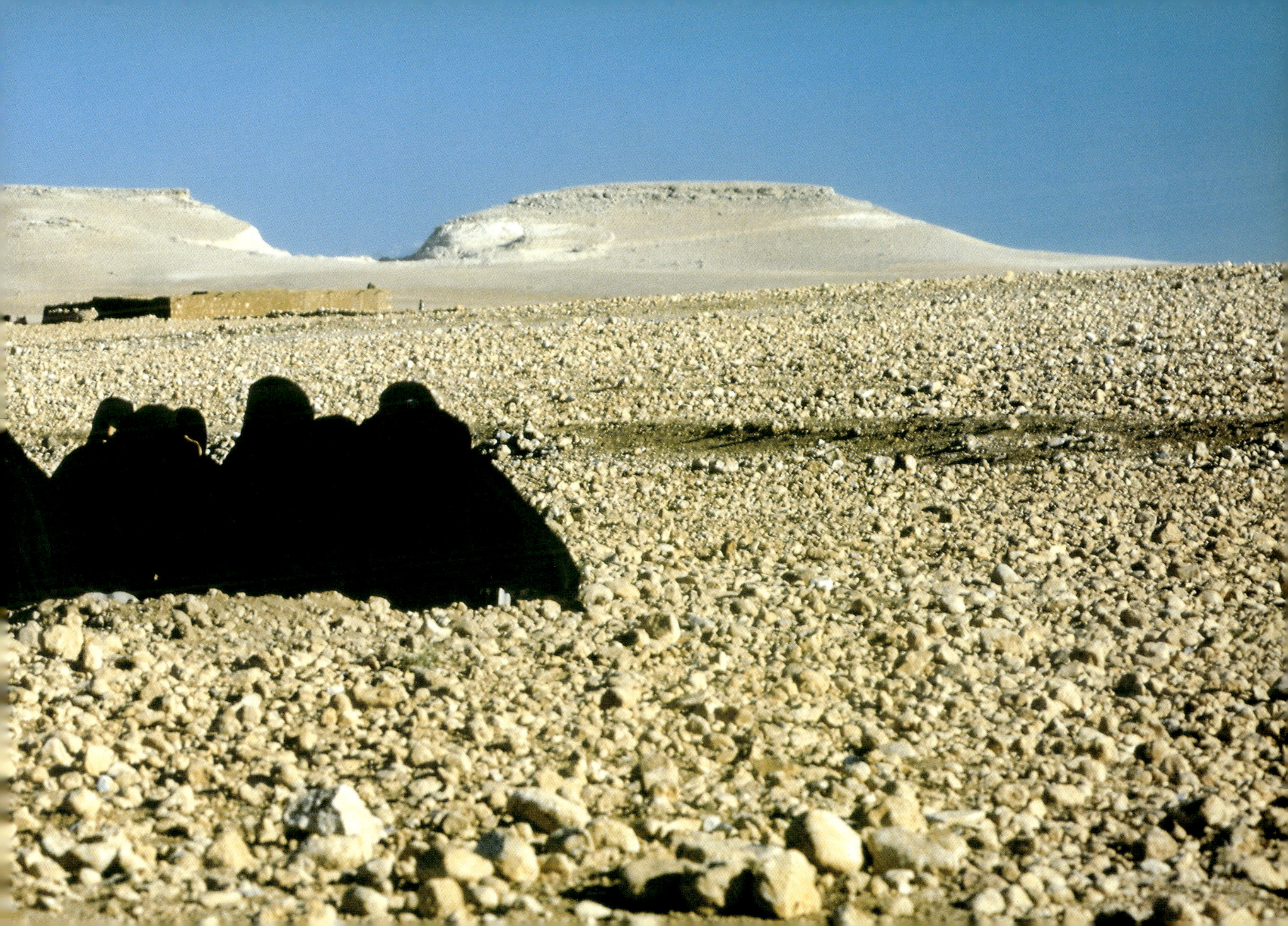

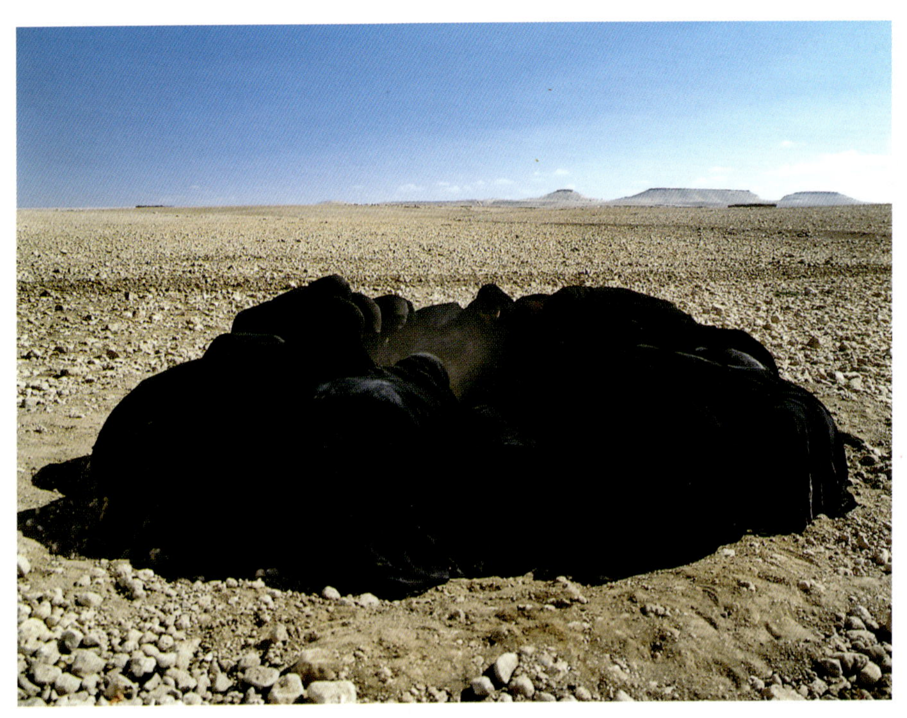

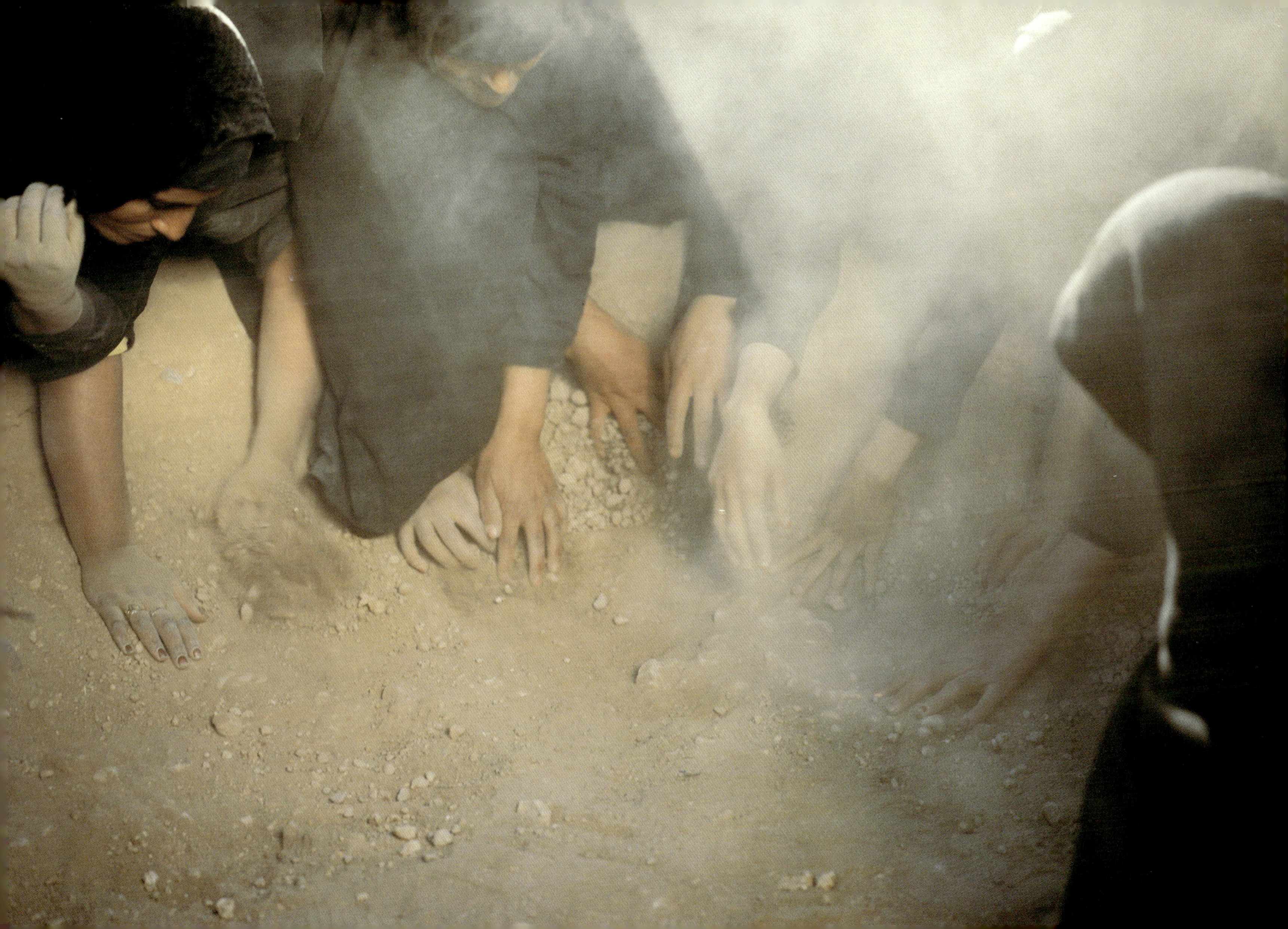

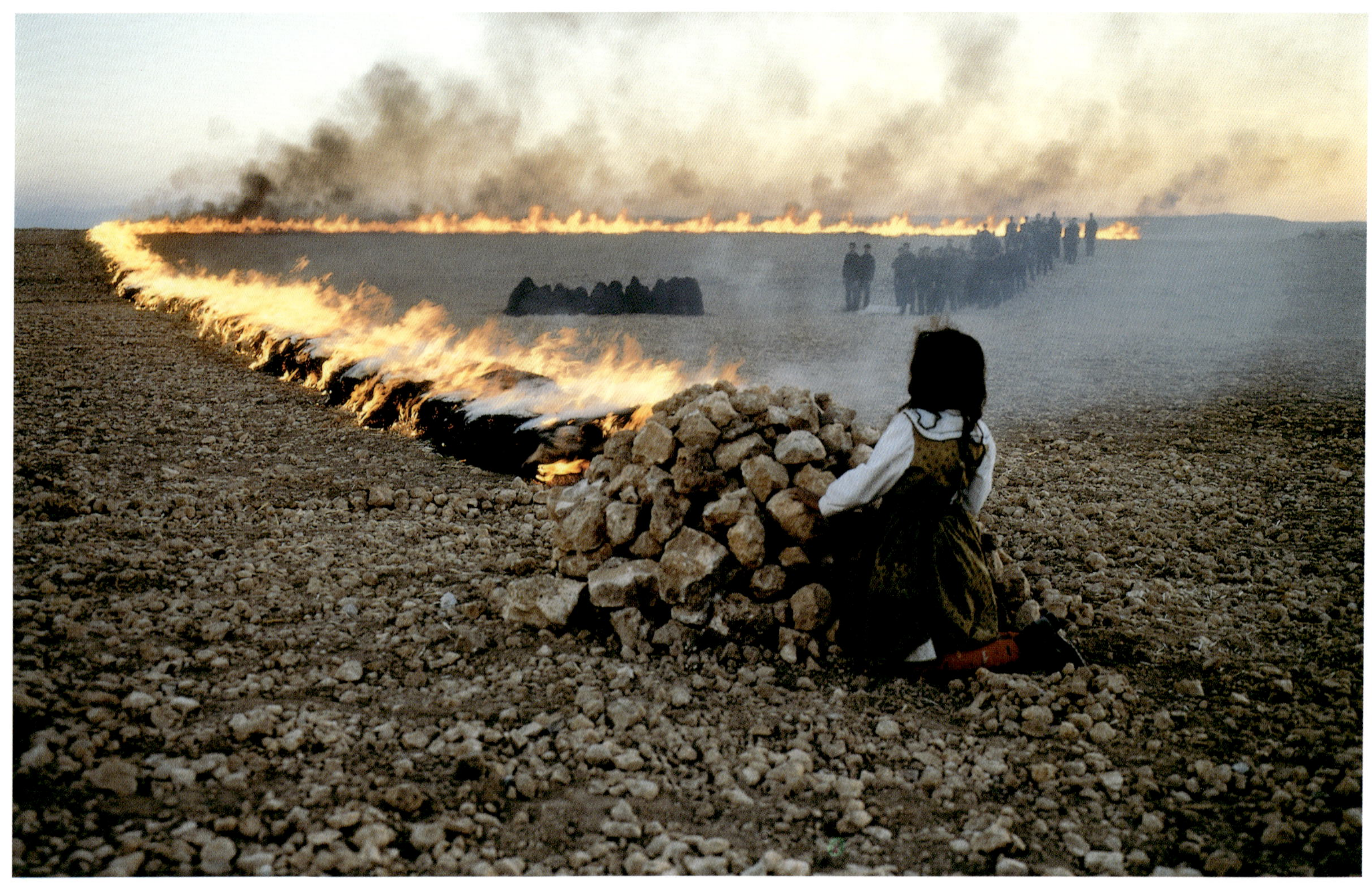

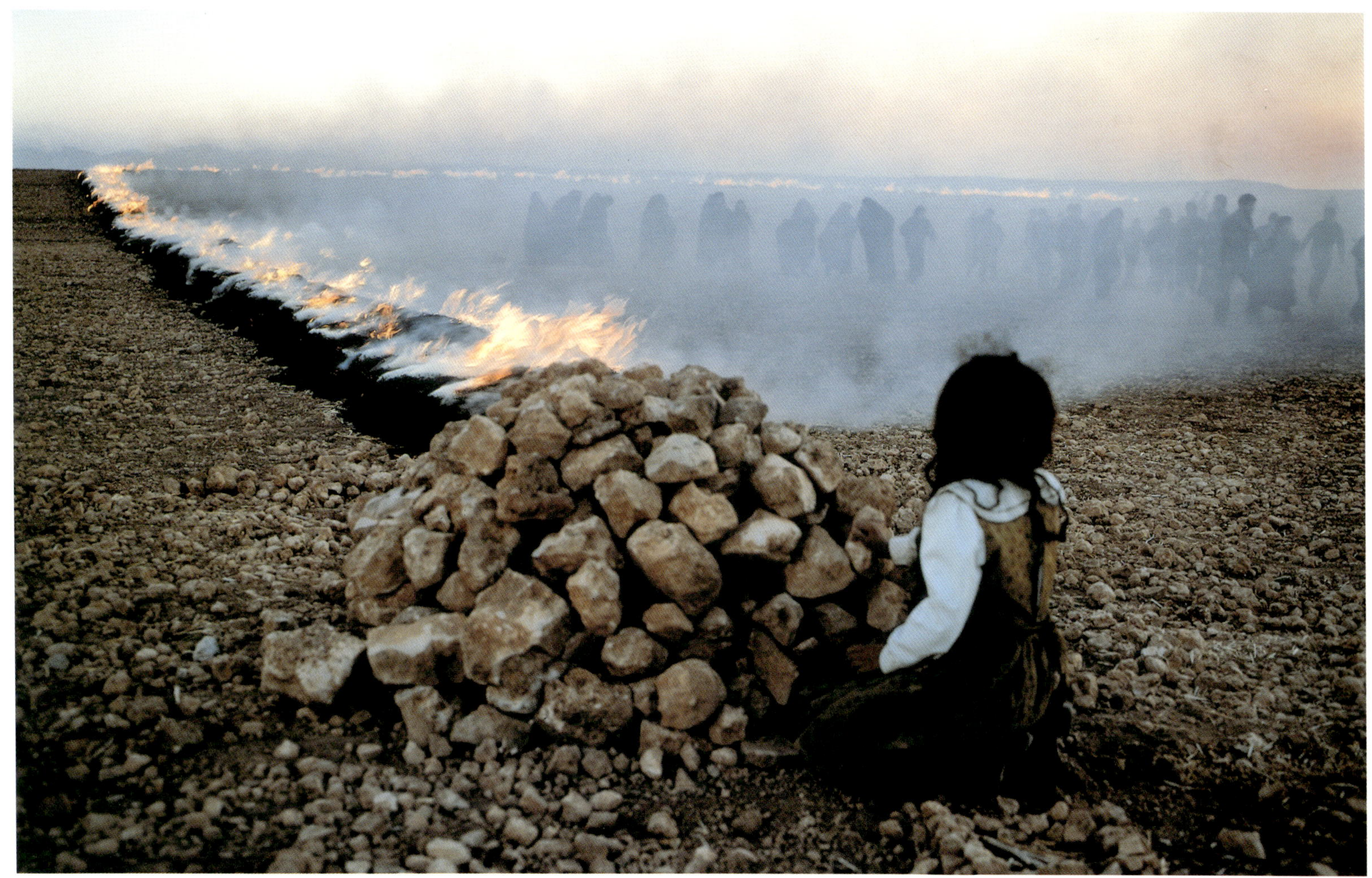

Production Stills

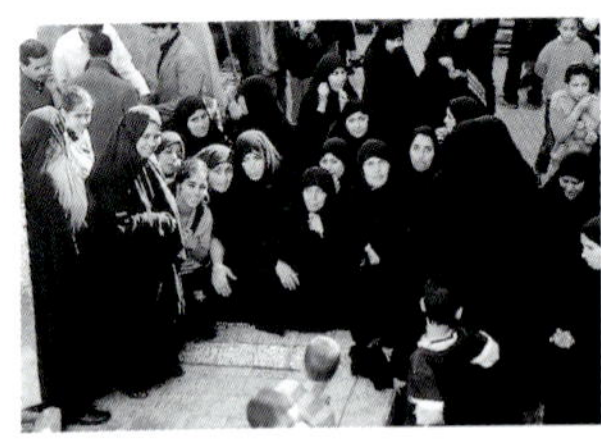

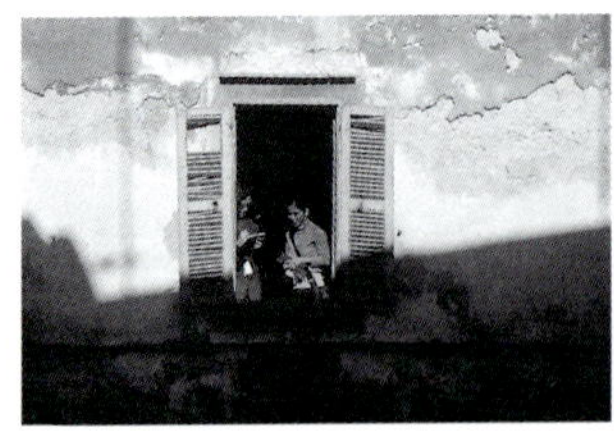

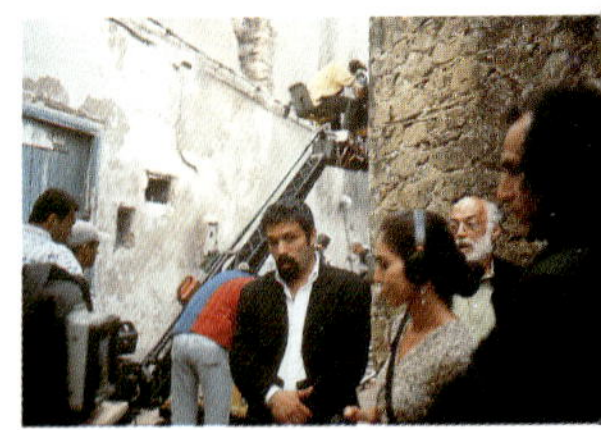

Fetneh 2001

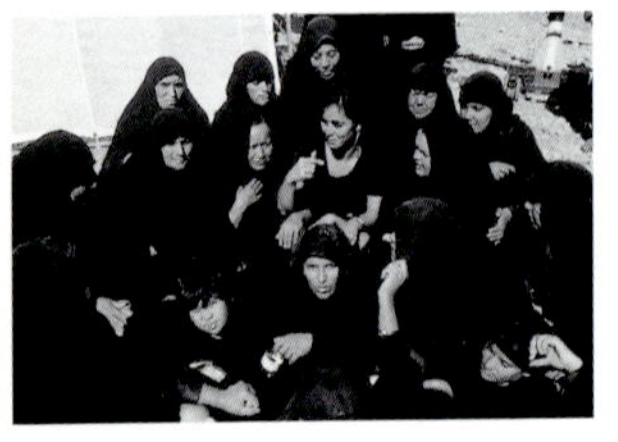

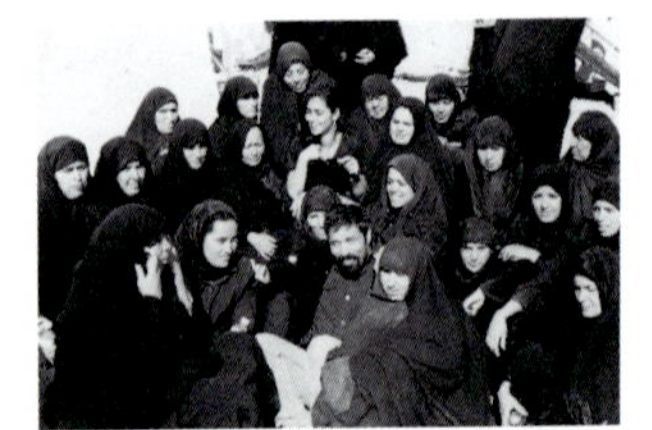

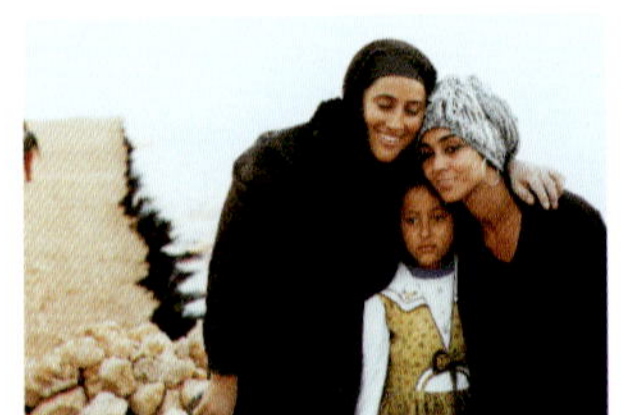

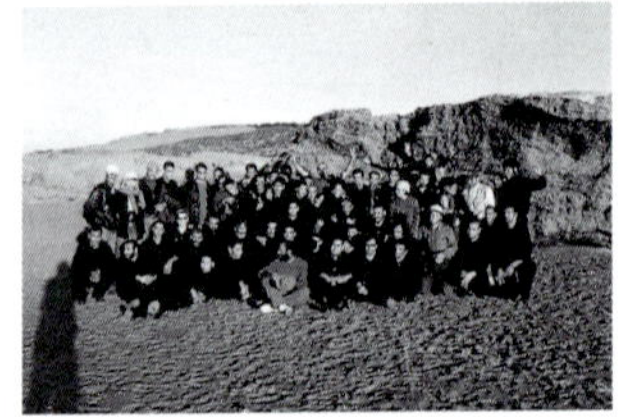

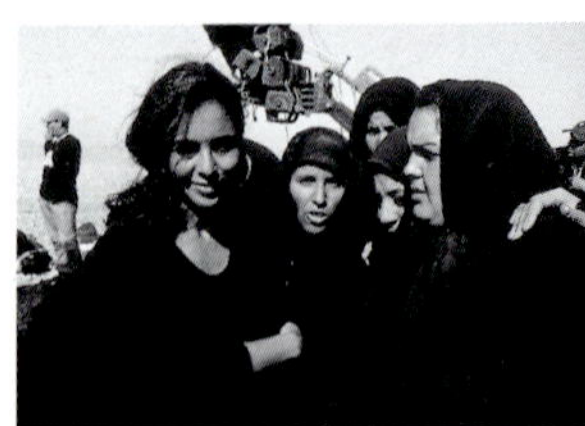

Passage 2001

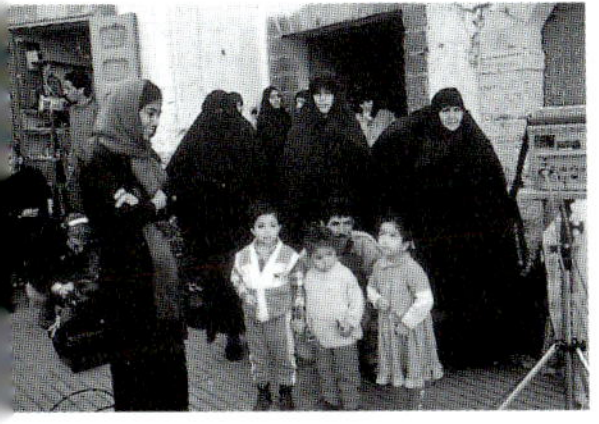

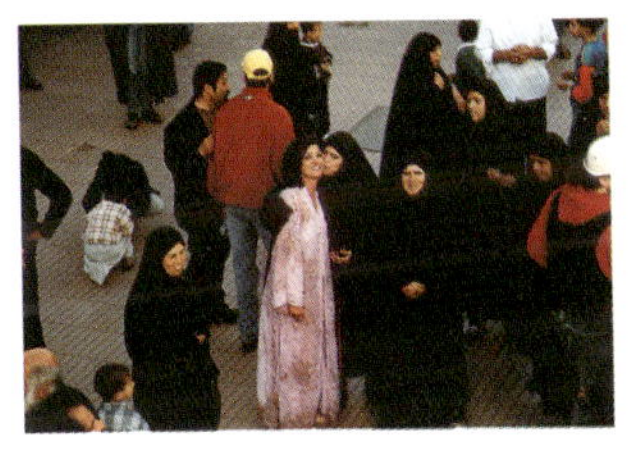

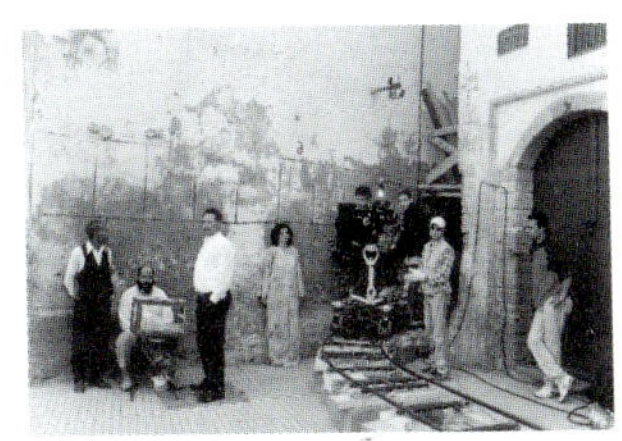

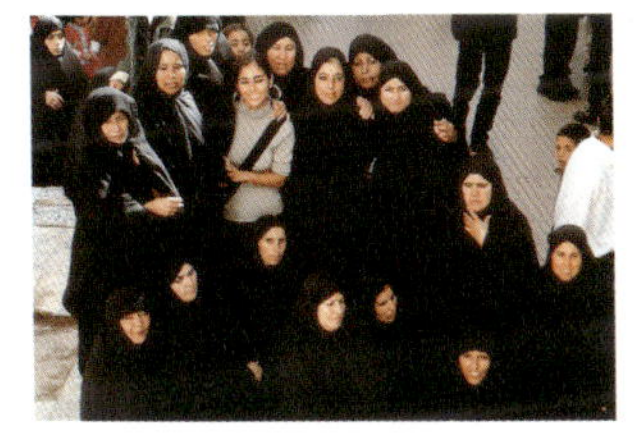

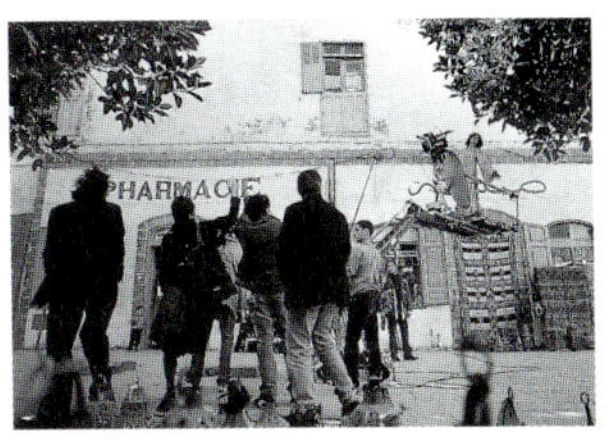
PHARMACIE

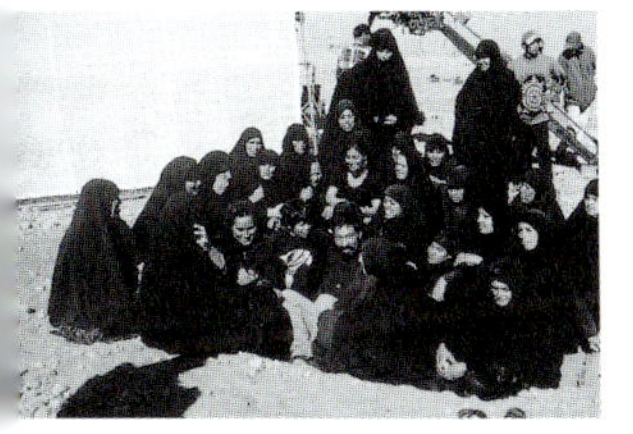

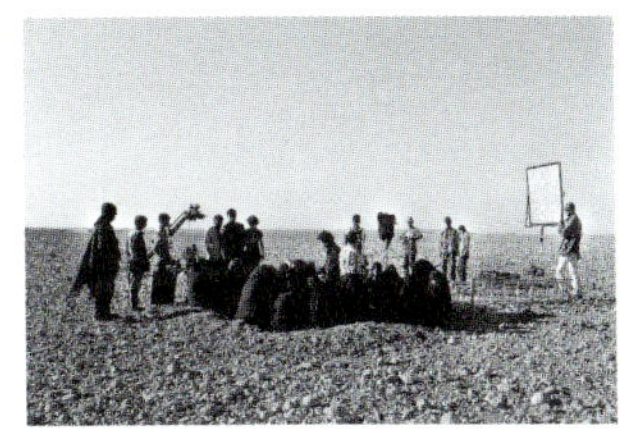

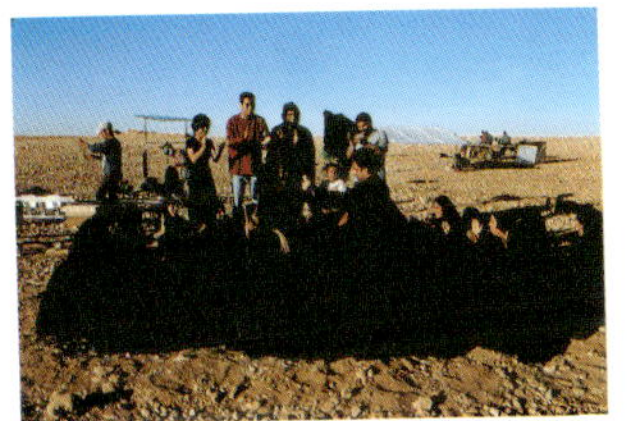

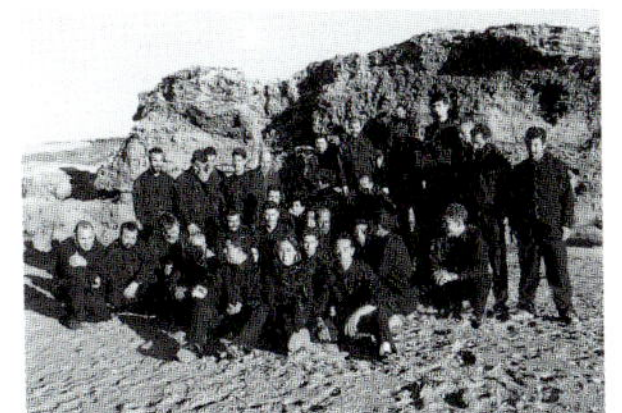

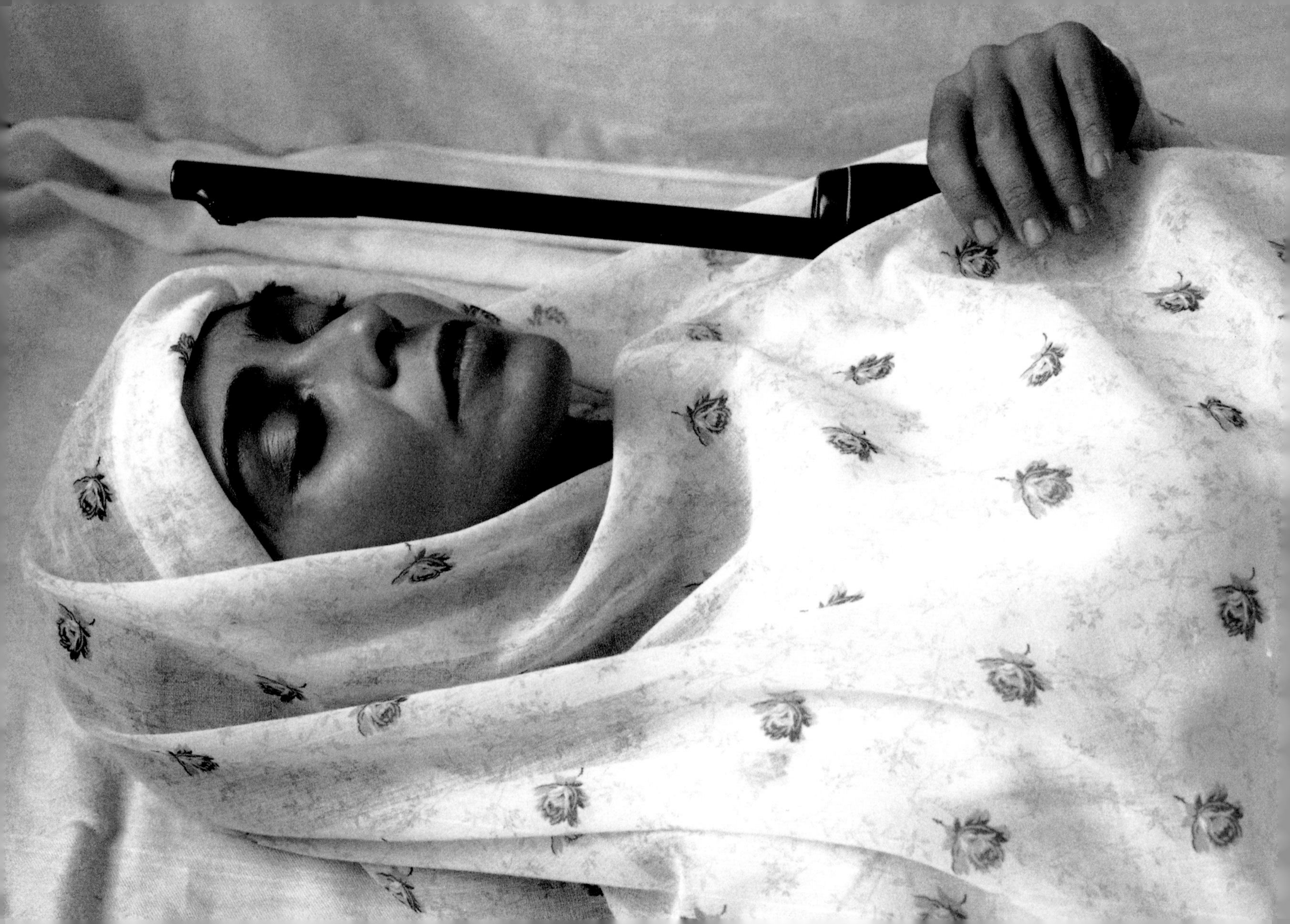

Works 1993-2000

Quotes included are by Shirin Neshat
Le frasi riportate sono di Shirin Neshat

...no one is thinking about the flowers

no one is thinking about the fish

no one wants to believe

that the garden is dying

that the garden's heart has swollen under the sun

that the garden

is slowly forgetting its green moments...

...nessuno si prende cura dei fiori

nessuno si prende cura dei pesci

nessuno vuole credere

che il giardino stia morendo

che il cuore del giardino si sia gonfiato sotto il sole

che il giardino

stia lentamente dimenticando il tempo in cui era verde...

Extract from / Tratto da
I feel Sorry for the Garden *(Mi rincresce per il giardino)*
by / di Forough Farokhzad

p. 54: *Women of Allah, Face to Face with God* 1995

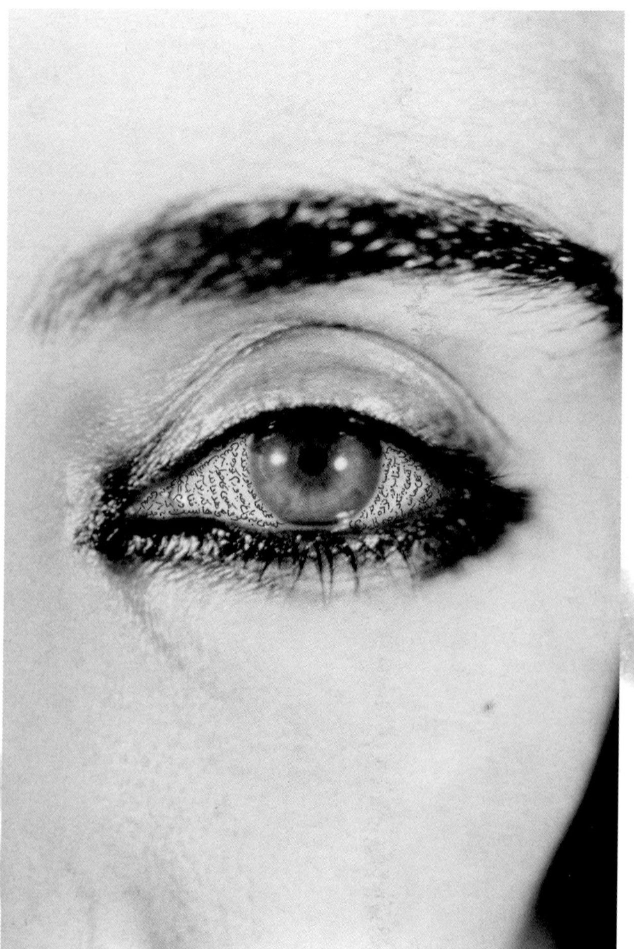

Unveiling, Offered Eyes 1993

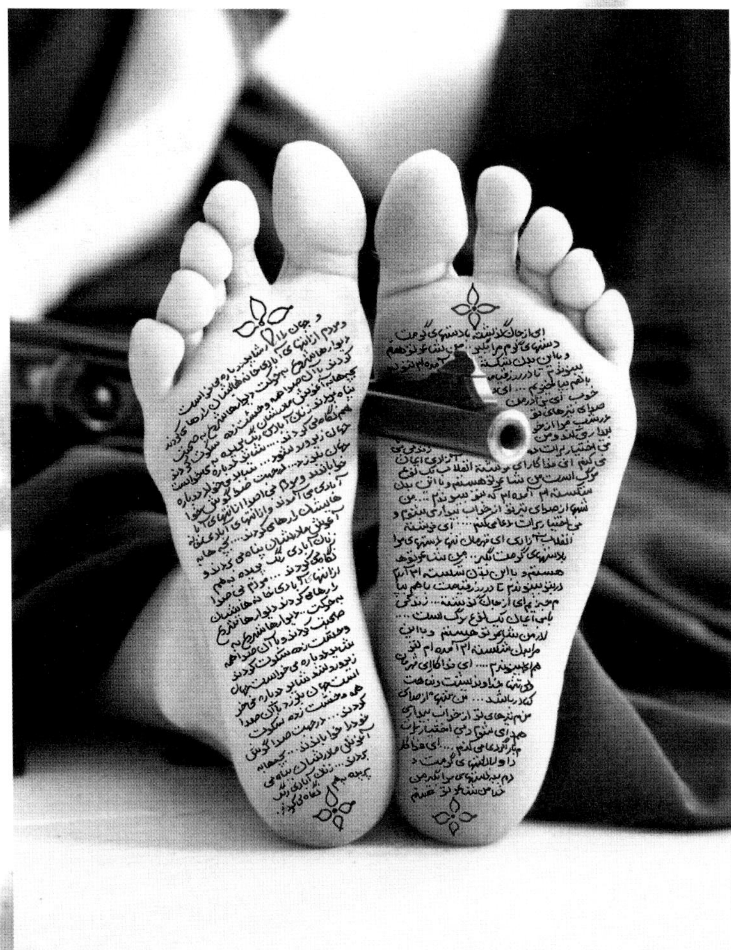

Women of Allah, Allegiance with Wakefulness 1994

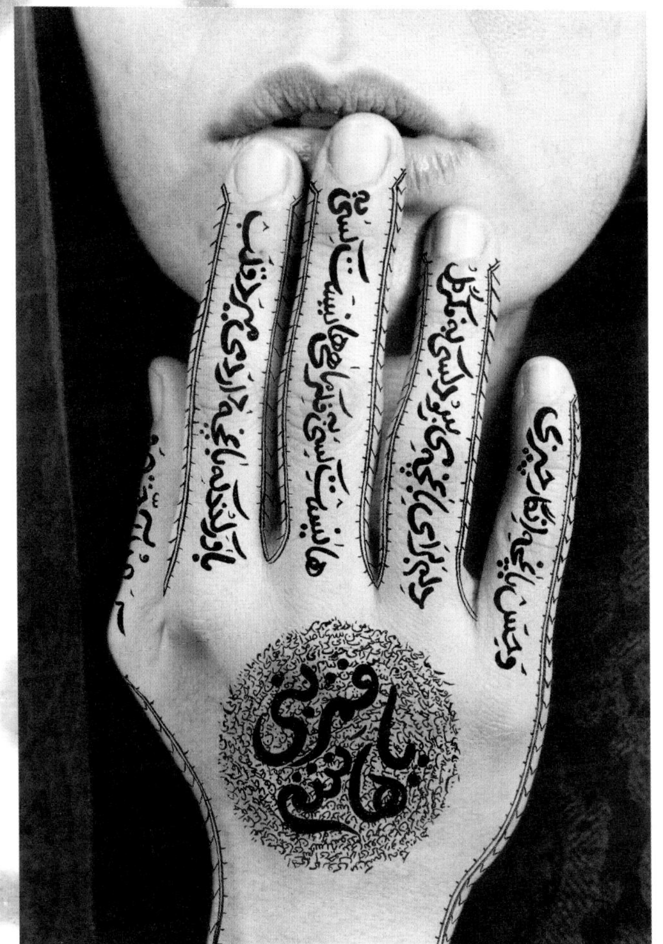

Women of Allah, Untitled 1996

The Shadow under the Web 1997

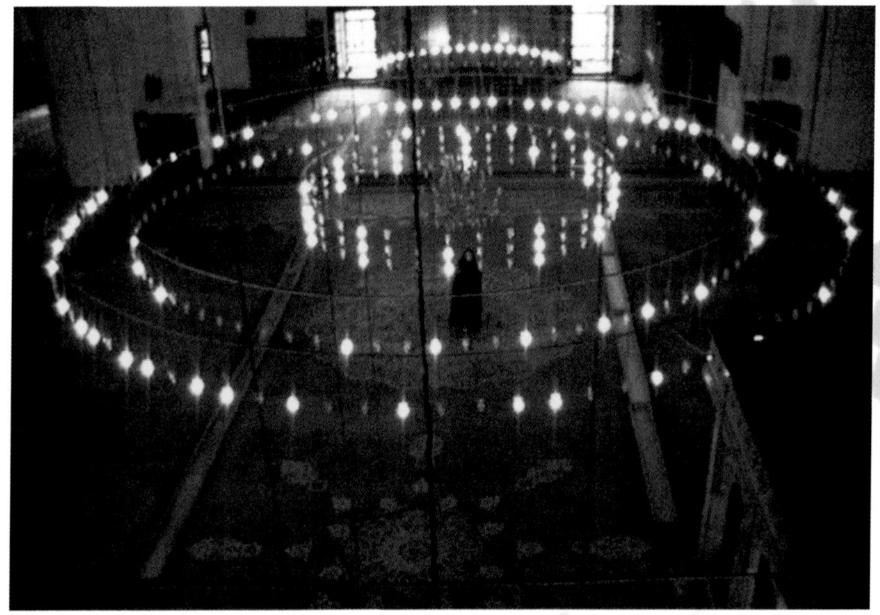

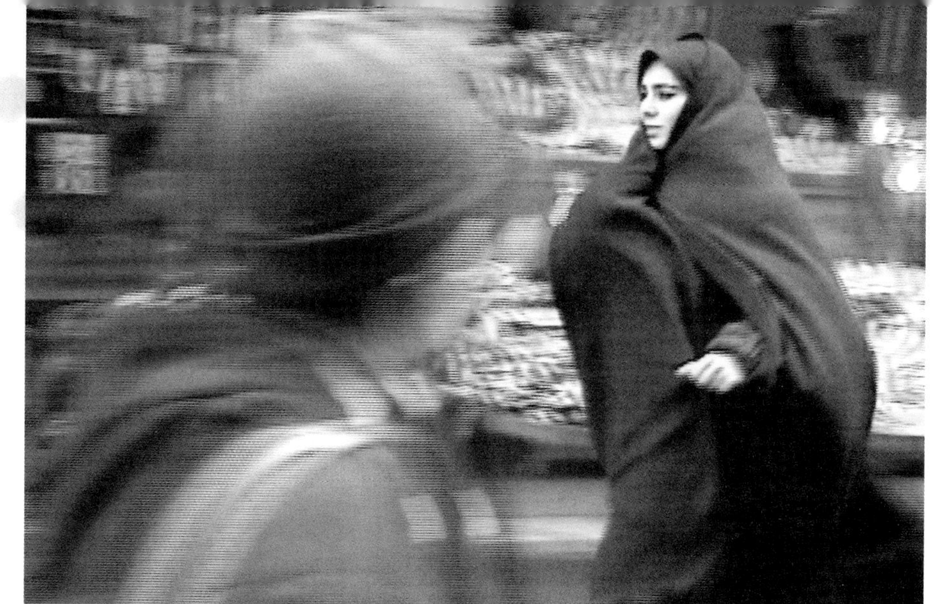

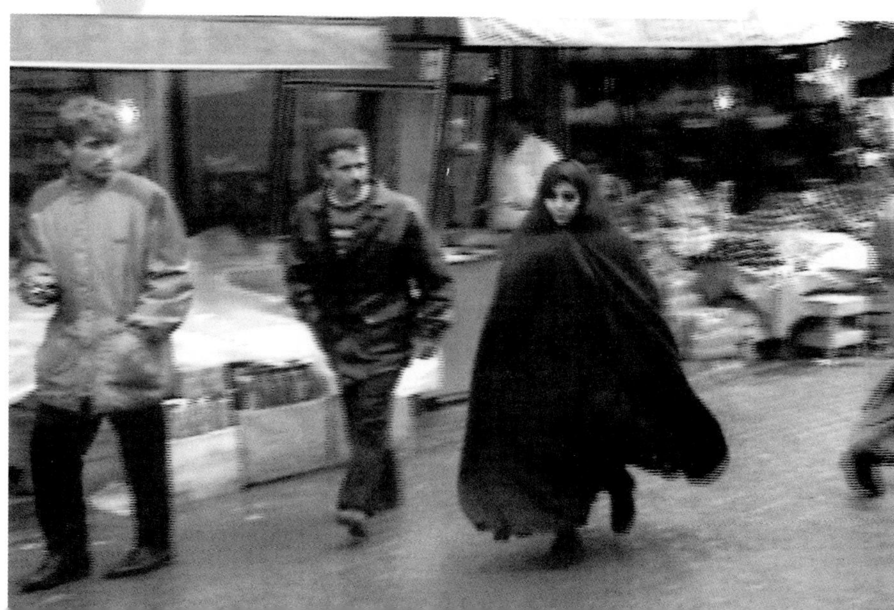

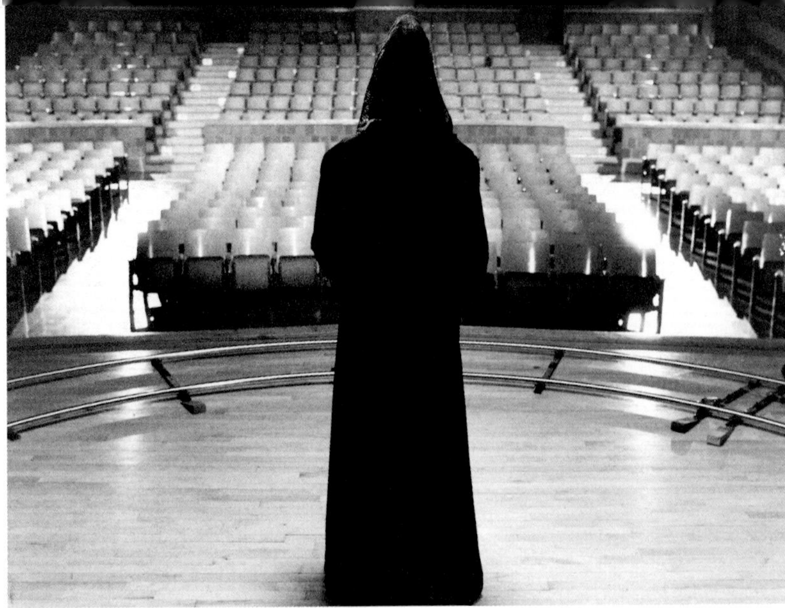

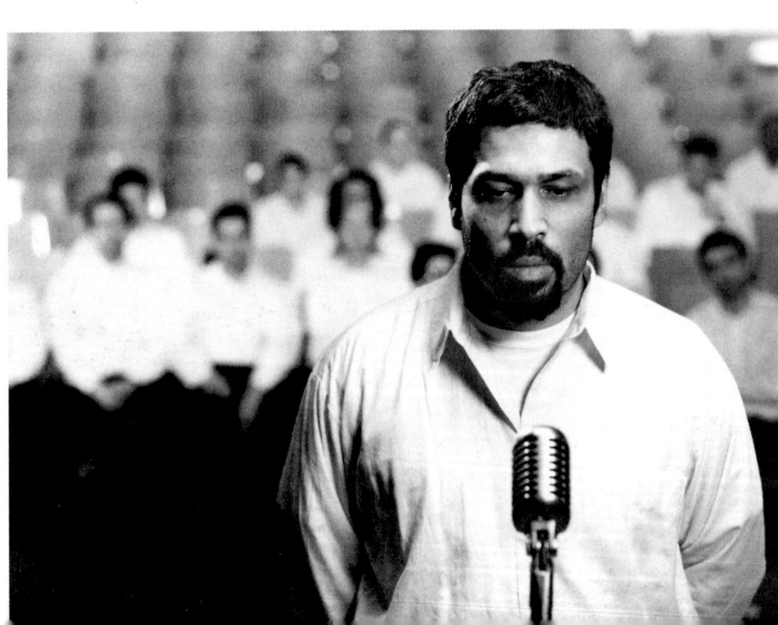

Turbulent 1998

It has been a great challenge for me to create a type of narrative that is not tied to language, but rather functions purely on a visual and sonic level. Since the narrative is non-literal, abstract and often quite ambiguous, the viewer must rely heavily on her or his own imagination to draw meanings.

Per me è stata una grande sfida creare un tipo di narrazione che non sia legato al linguaggio ma che piuttosto funzioni su un livello puramente visivo e sonoro. Dal momento che la narrazione è non-letterale, astratta e spesso assai ambigua, lo spettatore deve affidarsi in modo massiccio alla propria immaginazione.

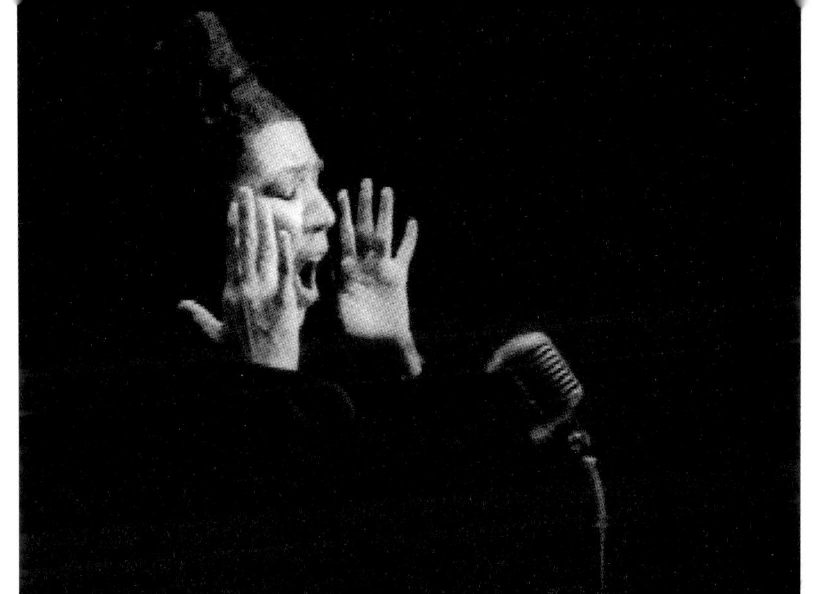

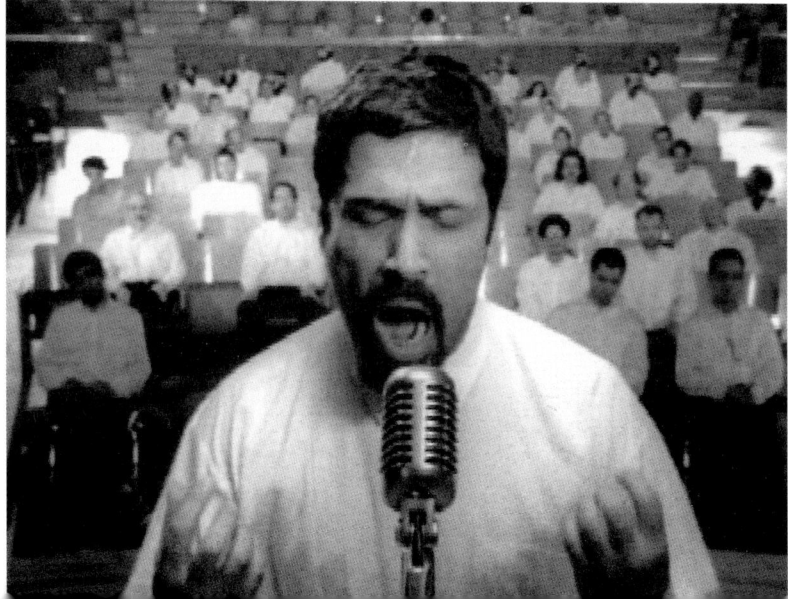

As I became increasingly involved with Islamic topics, it seemed only appropriate to explore space and architecture from the ideological point of view. I came upon interesting parallels concerning the way in which the female body and space are defined, controlled, and coded. The Shadow Under the Web, *made in Istanbul in 1997, is a project that precisely addresses such issues.*

A mano a mano che mi dedicavo alle tematiche islamiche, pareva soltanto appropriato esplorare lo spazio e l'architettura dal punto di vista ideologico. Mi sono imbattuta in interessanti parallelismi che riguardano il modo in cui il corpo e lo spazio delle donne sono definiti, messi sotto controllo e codificati. The Shadow Under the Web, *realizzato a Istanbul nel 1997, è un progetto che affronta esattamente questi argomenti.*

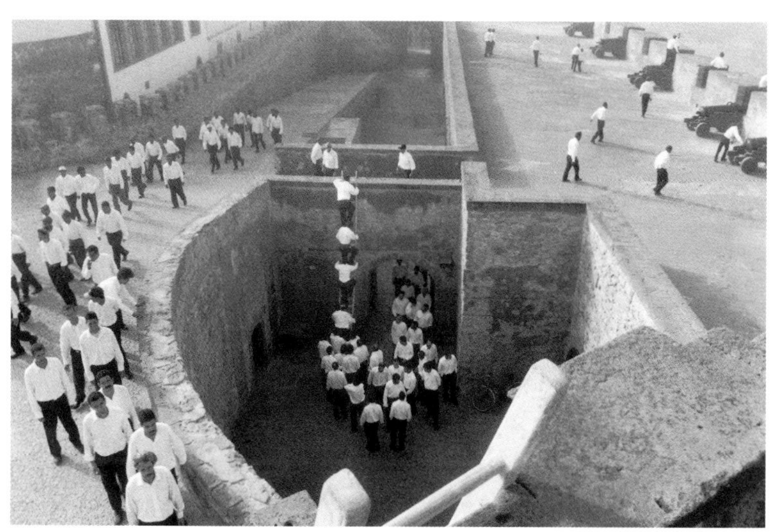

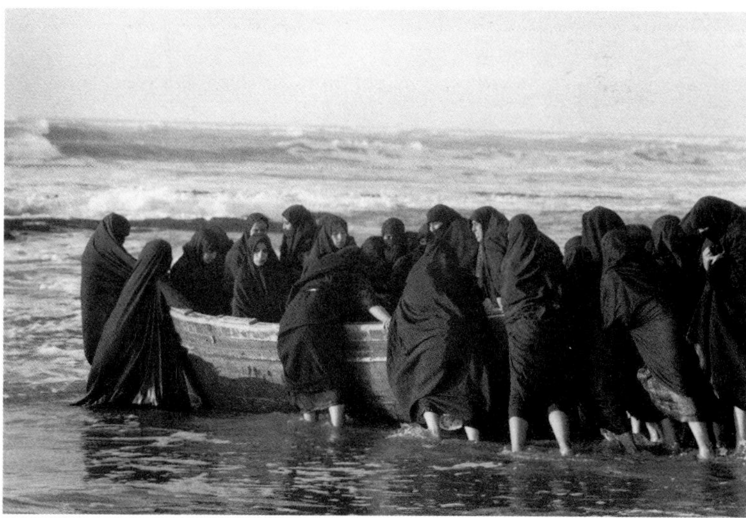

In Soliloquy, which I realized in Turkey and in the United States in 1999, architecture is the core of the narrative since it represents two opposite cultures: the East and the West, the traditional and the modern, the communal and the individual.

It's about imagining the emotional state of a woman standing at the threshold of two opposite worlds...
By the end we find that the woman never quite feels at peace in either space.

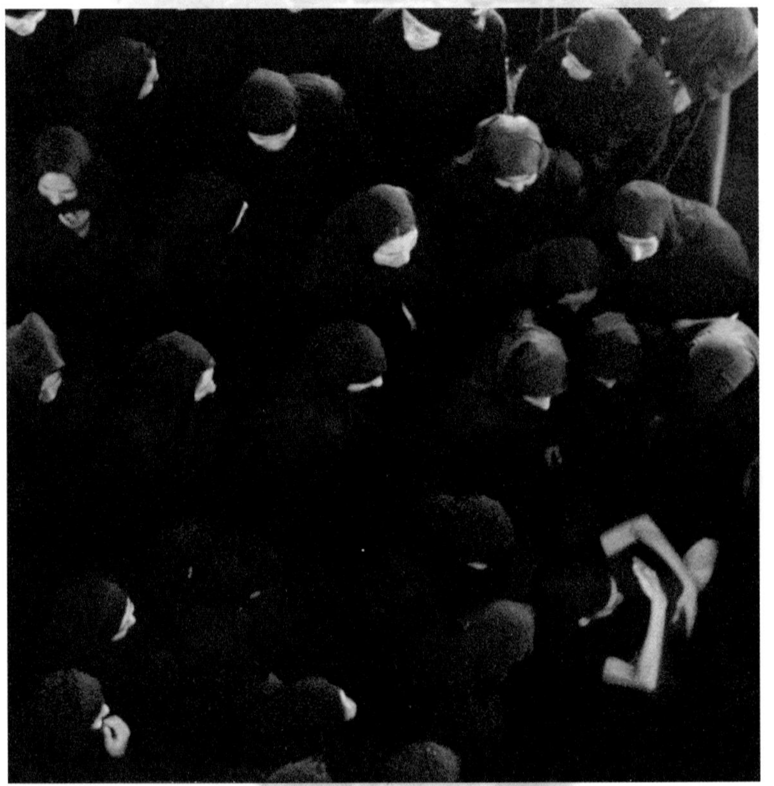

In Soliloquy, che ho realizzato in Turchia e negli Stati Uniti nel 1999, il nucleo della narrazione è l'architettura, dal momento che rappresenta due culture opposte: l'Oriente e l'Occidente, il tradizionale e il moderno, il collettivo e l'individuale.

Si tratta di immaginare lo stato emotivo di una donna che sta sulla soglia di due mondi opposti...
Alla fine ci rendiamo conto che la donna non si sente mai veramente in pace in nessuno dei due spazi.

Soliloquy 1999

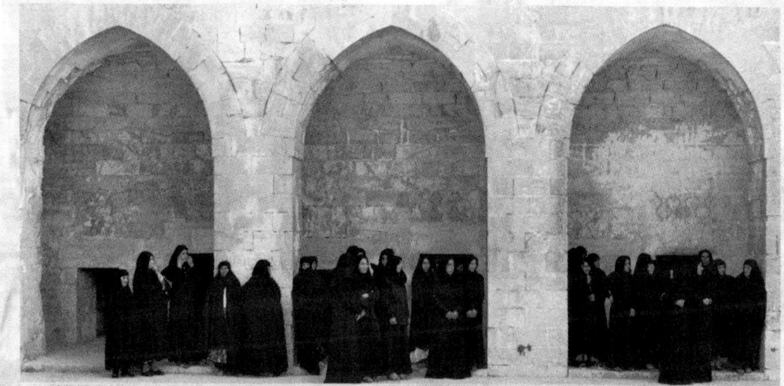

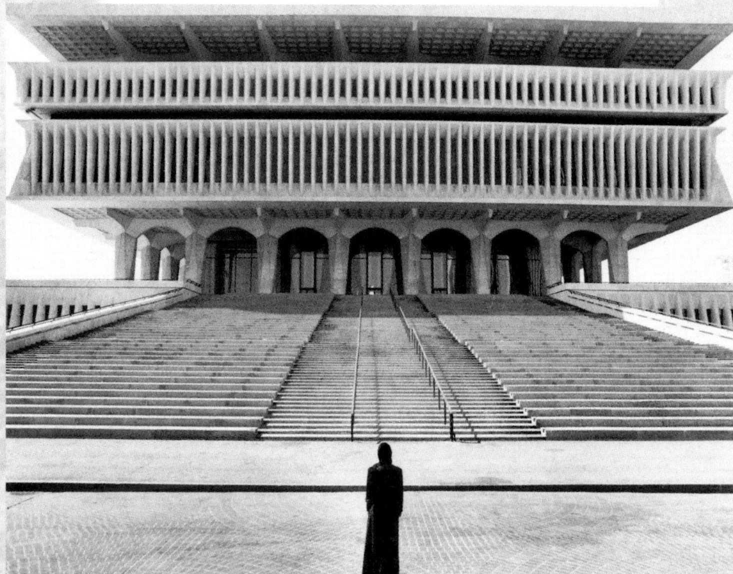

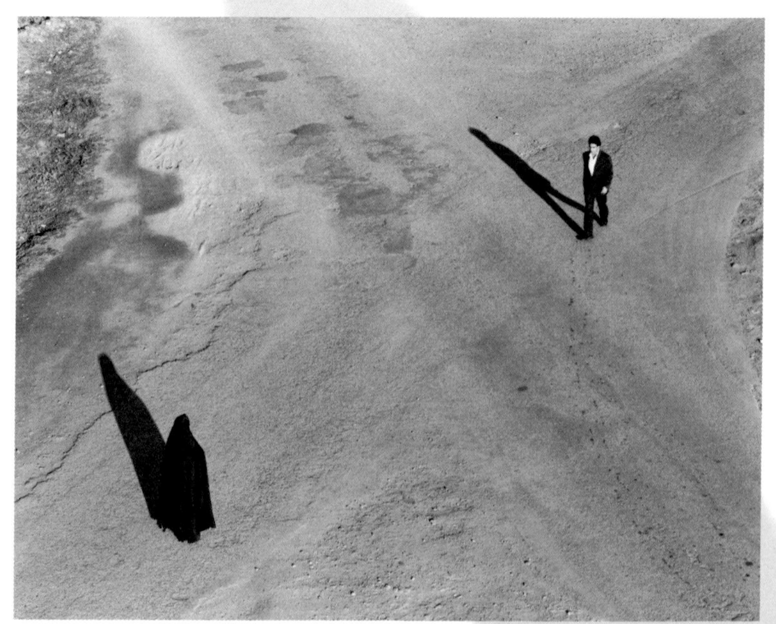

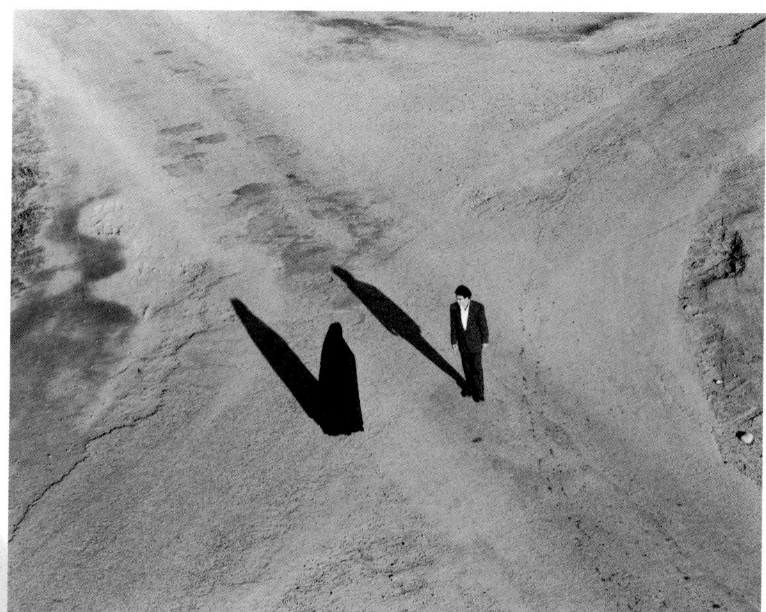

Fervor 2000

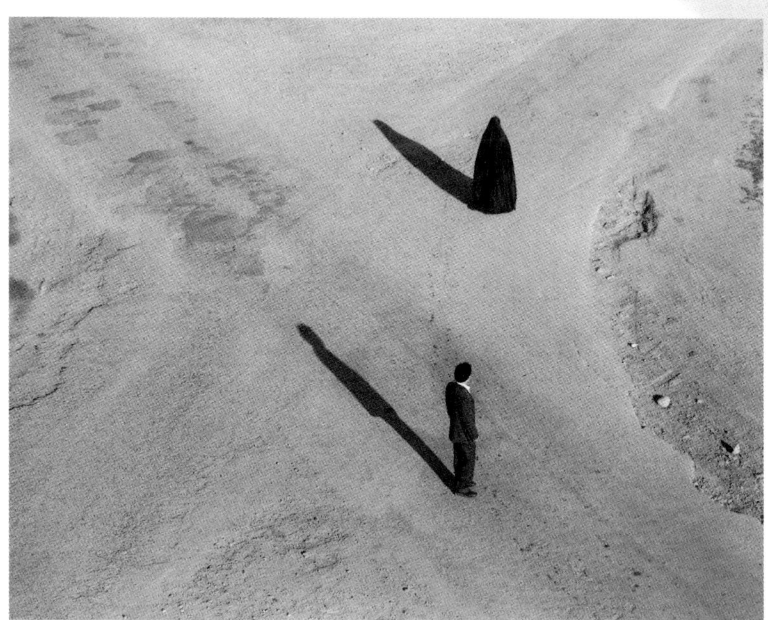

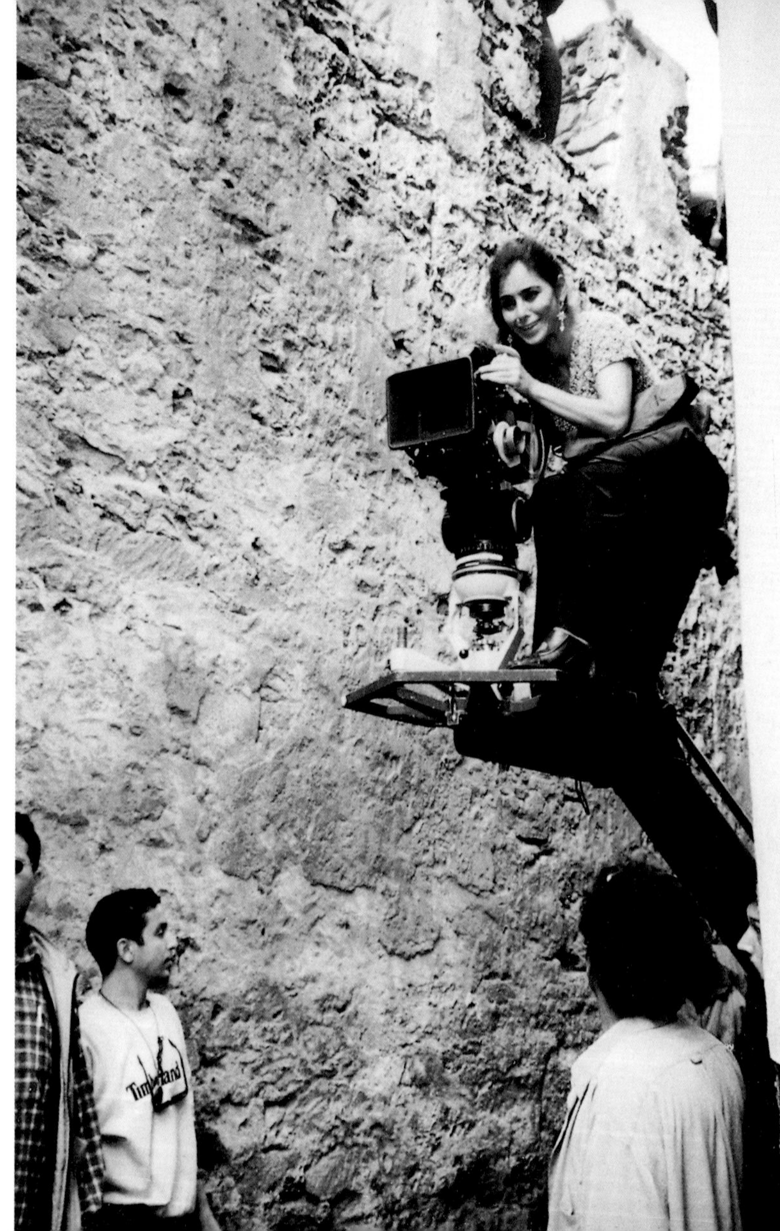

Essaouira 2001

Appendix

Exhibitions/Esposizioni

Born in/Nasce a Qazvin, Iran, 1957
Lives in/vive a New York

Selected Solo Exhibitions
Principali esposizioni personali

2001
Barbara Gladstone Gallery, New York
Kanazawa Contemporary Art Museum, Japan
Hamburger Kunsthalle, Hamburg
Irish Museum of Modern Art, Dublin

2000
Serpentine Gallery, London
Pitti Discovery, Firenze
Kunsthalle Wien, Wien
Lia Rumma, Milano
Dallas Museum of Art, Dallas
Matrix Gallery, UC Berkeley Art Museum, Berkeley, California
Wexner Center, Columbus, Ohio

1999
Malmö Konsthall, Malmö, Sweden
Art Institute of Chicago, Chicago
Patrick Painter Gallery, Los Angeles
D'Amelio Terras Gallery, New York
Galerie Jerôme de Noirmont, Paris
Henie Onstad Artsentre, Oslo
Tensta Konsthall, Spanga, Sweden

1998
Tate Gallery, London
Whitney Museum of American Art, Philip Morris Branch, New York
Maison Européenne de la Photographie, Paris
Thomas Rehbein Galerie, Köln
Bruce Museum, Greenwich, Connecticut

1997
Museum of Modern Art, Ljubljana
Annina Nosei Gallery, New York
Lumen Travo, Amsterdam
Artspeak, Vancouver

1996
Centre d'Art Contemporain Kunsthalle, Freiburg
Marco Noire Contemporary Arts, Torino
Lucio Amelio, Napoli
Haines Gallery, San Francisco

1995
Annina Nosei Gallery, New York

1993
Franklin Furnace, New York

Selected Group Exhibitions
Principali esposizioni collettive

2001
Ornament and Abstraction, Beyeler Foundation, Basel
Biennial de Valencia, Valencia
French Institut, ar-Ribat, Morocco
Croatian Photographic Union, Croatia

2000
Fervor and Rapture, Festival d'Automne, Paris
Photography Now, An International Survey of Contemporary Photography, Contemporary Arts Center, New Orleans
State of the Art: Recent Gifts and Acquisitions, Walker Art Center, Minneapolis
Erresitentziak/Resistencias, Koldo Mitxelena, Donostia-San Sebastian, España
The Fruitmarket Gallery, Edinburgh Festival, Edinburgh
Biennale d'Art Contemporain de Lyon, Lyon
La Beauté in Avignon, Avignon
Continental Shift, Ludwig Forum, Aachen
Biennale of Sydney, Sydney
Kwangju Biennale, Kwangju, Korea
Whitney Biennial, Whitney Museum of American Art, New York
Outbound. Passages from the '90s, Contemporary Art Museum, Houston
Greater New York. New Art in New York Now, PS1, New York
Contact: A '90s Journal, Contemporary Arts Museum, Houston
Kunstsammlung Nordrhein-Westfalen, Düsseldorf

THE END: An Independent Vision of Contemporary Culture, 1982-2000, Exit Art, New York

1999

Bing, The Museum of Modern Art, New York
Carnegie International, Carnegie Museum of Art, Pittsburgh, 1999-2000
Heaven, Tate Gallery Liverpool, Liverpool
Zeitwenden: Rückblick und Ausblick, Kunstmuseum Bonn, Bonn
Shirin Neshat: Rapture / Pipilotti Rist: Sip My Ocean, The Fabric Workshop & Museum, Philadelphia
Voiceovers, Art Gallery of New South Wales, Sydney
Project 70: Shirin Neshat, Simon Patterson, Xu
My Culture – My self. Lee Friedlander, Gerhard Richter, Christian Boltanski, Shirin Neshat, Ydessa Hendeles Art Foundation, Toronto
Biennale di Venezia, curated by/a cura di Harald Szeemann, Venezia
Exploding Cinema, Rotterdam Film Festival, Boijman Museum, Rotterdam
Unfinished History, curated by/a cura di Francesco Bonami, Museum of Contemporary Art, Chicago
Video Cultures, curated by/a cura di Ursula Frohne, ZKM/Museum of Contemporary Art, Karlsruhe
La Ville, le Jardin, la Mémoire, curated by/a cura di Carolyn Christov Bakargiev, Hans Ulrich Obrist, Villa Medici, Roma
Global Art Rheinland 2000, Ludwig Museum, Köln
SITE SANTA FE: Looking For A Place, curated by/a cura di Rosa Martinez, Santa Fe, New Mexico
Zeitwenden: Outlook into the Next Millennium, Kunstmuseum Bonn, Bonn
Heavenly Figure, Kunsthalle Düsseldorf, Düsseldorf

1998

Unfinished History, curated by/a cura di Francesco Bonami, Walker Art Center, Minneapolis
In The Detail, curated by/a cura di Kiki Smith, Barbara Gross Galerie, München
7th Summer of Photography, Museum van Hedendaagse Kunst, Antwerpen
Mar de Fondo, curated by/a cura di Rosa Martinez, Roman Theatre of Sagunto, Valencia
Vanessa Beecroft & Shirin Neshat, Galleria d'Arte Moderna, Bologna
Maschile Femminile e Oltre, curated by/a cura di Achille Bonito Oliva, Palazzo Branciforte, Palermo
Mostrato, curated by/a cura di Giacinto Di Pierantonio, Pescara
ECHOLOT, curated by/a cura di René Block, Museum Fridercianum Kassel, Kassel
Transatlantico, curated by/a cura di Octavio Zaya, Centro Atlantico de Arte Moderno, Islas Canarias
A Noir, Triennale di Milano, Milano
Interference, Comunidad de Madrid, Madrid
Genders and Nations: Reflections on Women in Revolution, curated by/a cura di Salah Hassan, Johnson Museum, Cornell University, Ithaca, New York

1997

5th International Istanbul Biennial: On Life, Beauty, Translations and Other Difficulties, curated by/a cura di Rosa Martinez, Istanbul
2nd Johannesburg Biennale 1997, Trade Routes: History and Geography, curated by/a cura di Okwui Enwezor, Octavio Zaya, Johannesburg
Unbeschreiblich Weiblich, curated by/a cura di Anne Karen de Boer, Fotomanifestatie Noorderlicht, Groningen, Holland
Triple X: Contemporary Investigating Arts, International Art Festival, Amsterdam
Der Rest der Welt, curated by/a cura di Alfons Hug, Haus der Kulturen der Welt, Berlin
International Art Festival City of Medellin, Medellin, Columbia
Foto text text foto, curated by/a cura di Peter Weiermair & Andreas Hapkemayer, Museum of Modern Art, Bolzano; traveled to/itinerante: Frankfurt Kunstverein, Frankfurt

1996

Jurassic Technologies Revenant, Sydney Biennale, curated by/a cura di Lynn Cooke, Sydney
Le Masque et le Miroir, curated by/a cura di Anatzu Zablabeascoa, Rencontres Internationales de la Photographie, Arles; traveled to/itinerante: Museu d'Art Contemporàni de Barcelona, Barcelona
Inclusion/Exclusion, curated by/a cura di Peter Weibel, Kunstlerhaus, Graz
Radical Images: Austrian Triennial of Photography 1996, Neue Galerie & Kunstlerhause, Graz; traveled to/itinerante: Kunsthalle Szombathely, Hungary
Interzones, curated by/a cura di Octavio Zaya, Anders Michelsen, Kunstforeningen Gl. Strand, København; traveled to/itinerante: Uppsala Konstmuseum, Uppsala
Ghostwriter, in collaboration with/in collaborazione con Jamielie Hassan, Mercer Union, Toronto
Group Exhibition, Haines Gallery, San Francisco
Auf Den Leib, curated by/a cura di Monika Faber & Brigitte Huck, Kunsthalle Wien, Wien
Gallery Artists, Galerie Lumen Travo, Amsterdam
Imaginary Beings, curated by/a cura di Jeannette Ingberman, Papo Colo, Exit Art, New York
Video Installation commissioned by/Video

istallazione commissionata da Creative Times for Anchorage, Brooklyn Bridge, New York

1995
Orientation, USA participation/rappresentante degli Stati Uniti, Istanbul Biennial, curated by/a cura di René Block, Istanbul
Transculture, curated by/a cura di Fumio Nanjo, Dana Friis-Hansen, Biennale di Venezia, Venezia; traveled to/itinerante: Contemporary Art Museum, Okayama, Japan
Campo '95, curated by/a cura di Francesco Bonami, Biennale di Venezia, Venezia; traveled to/itinerante: Fondazione Sandretto Re Rebaudengo per l'Arte, Torino
It's How You Play the Game, curated by/a cura di Jeannette Ingberman, Papo Colo, Exit Art, New York

1994
Three New Photographers, Haines Gallery, San Francisco
Revolving Histories, curated by/a cura di Rupert Jenkins, SF Camerawork, San Francisco
Selection from the Artists File, curated by/a cura di Claudia Gould, Artists Space, New York
Labyrinth of Exile: Recent Works by Four Contemporary Iranian Artists, Fowler Museum of Cultural History, UCLA, Los Angeles
Fever, Wexner Center, Columbus, Ohio
Beyond the Borders: Art By Recent Immigrants, curated by/a cura di Betti-Sue Hertz, The Bronx Museum of the Arts, Bronx, New York
The Office: History, Fantasy and Irregular Protocols, site-specific installations in an abandoned Wall Street office building/ istallazioni per un palazzo dismesso di Wall Street, organized by the/allestite dal Lower Manhattan Cultural Council in New York

1990
Fever, curated by/a cura di Jeanette Ingberman & Papo Colo, Exit Art Gallery, New York

Film Festivals

2001
San Francisco Film Festival, San Francisco
Pacific Film Archive Festival, Oakland

2000
Telluride Film Festival, Telluride, Colorado
Locarno Film Festival, Locarno, Switzerland
Rotterdam Film Festival, Rotterdam

1999
Rotterdam Film Festival, Rotterdam

Awards/Premi

2000
Visual Art Award, "Herald Angel," Edinburgh International Festival
Cal Arts Alpert Visual Arts Award in the Arts
Grand Prix, Kwangju Biennale

1999
Golden Lion/Leone d'Oro, LXLVIII Biennale di Venezia, Venezia

1998
ARCO, Madrid (Prize for Best Project/Premio per il migliore progetto)

1996
New York Foundation for Arts Photography Fellowship
Tiffany Foundation, New York

1995
Mid-Atlantic Photography Fellowship
Art Matter Grant

1992
Artists in Residence, Henry Street Settlement, New York

1990
New York State Council on the Arts

Bibliography/Bibliografia

Selected Books and Catalogues
Principali libri e cataloghi

2001
Shirin Neshat, Farzaneh Milani, Charta, Milano
Shirin Neshat, edited by/a cura di Tuko Hasegawa, Fumihiko Sumitomo, texts by/testi di Octavio Zaya, Yuko Hasegawa, Fumihiko Sumitomo, Office for Contemporary Art Museum, Kanazawa, Japan

2000
The Artist's Body, Tracey Warr, Amelia Jones, Phaidon Press, London
Photography Now, David S. Rubin, Contemporary Arts Center, New Orleans
Erresistentziak/Resistencias, Koldo Mitxelena, Donostia-San Sebastian, España
Shirin Neshat, exhibition catalogue/catalogo della mostra, interview by/intervista di Gerald Matt, Kunsthalle Wien, Wien; Serpentine Gallery, London
Continental Shift, A Voyage Between Cultures, Ludwig Forum, Aachen; Bonnefantenmuseum, Maastricht; Stadsgalerij, Heerlen, Belgium; Musée d'Art Moderne, Liège
Shirin Neshat: Two Installations, Bill Horrigan, Sherri Golden, Wexner Center for the Arts, Columbus, Ohio

1999
Cream: Contemporary Art in Culture, Gilda Williams, Phaidon Press, London

1998
La Ville, le Jardin, la Mémoire, exhibition catalogue/catalogo della mostra, Laurence Bossé, Carolyn Cristov-Bakargiev, Hans Ulrich Obrist, Charta, Milano
Shirin Neshat, Marco Noire Contemporary Art, Torino
Solo Exhibition, exhibition catalogue/catalogo della mostra, Museum of Modern Art, Ljubljana
Solo Exhibition, exhibition catalogue/catalogo della mostra, Annina Nosei Gallery, New York
Solo Exhibition, exhibition catalogue/catalogo della mostra, Artspeak, Vancouver

1997
Echoes: Contemporary Art at the Age of Endless Conclusions, edited by/a cura di Francesco Bonami
The Monacelli Press, New York
Solo Exhibition, exhibition catalogue/catalogo della mostra, essay by/testo di Diego Cortez, Galleria Lucio Amelio, Napoli
Istanbul Biennial Catalogue, Rosa Martinez, Turkey
Johannesburg Biennale Catalogue, Octavio Zaya, Okuwi Enwezor, South Africa

1996
Feit & Fictie (Cover Photo/Foto di copertina), Rotterdam
Coffee House Paintings: Iranian's Return to Islamic Art. Doubling, as issue of/numero speciale di *New Observation*, guest-edited by/a cura di GODZILLA, New York
Kyoto Journal, Tokyo
Jurassic Technologies Revenant, exhibition catalogue/catalogo della mostra, Sydney Biennale, Sydney
Le Masque et le Miroir, exhibition catalogue/catalogo della mostra, edited by/a cura di Anatzu Zablabeascoa, Rencontres Internationale de la Photographie, Arles
Radical Images: Austrian Triennial on Photography 1996, exhibition catalogue/catalogo della mostra, Neue Galerie & Kunstlerhausem, Graz
Interzones, exhibition catalogue/catalogo della mostra, Octavio Zaya, København
Foto text text foto, exhibition catalogue/catalogo della mostra, edited by/a cura di Andreas Hapkemeyer, Peter Weiermair, Verlag Stemmle, Zürich
Auf Den Leib, exhibition catalogue/catalogo della mostra, Wien

1995
Beyond the Borders: Art by Recent Immigrants, exhibition catalogue/catalogo della mostra, The Bronx Museum of the Arts, New York
Orientation: IV International Istanbul Biennial, René Block, Turkey
Transculture, exhibition catalogue/catalogo della mostra, Biennale di Venezia, texts by/testi di Fumio Nanjo, Dana Friis-Hansen
Campo 95, exhibition catalogue/catalogo della mostra, Biennale di Venezia, texts by/testi di Francesco Bonami

Selected Articles and Reviews
Principali articoli e riviste

2000
Anna Malik. "The Poetic of the Veil." *Portfolio*, n. 32, December/dicembre
Bernard Tschumi. "Best of 2000." *Artforum*, December/dicembre
Saeed Shafa. *Andisheh Monthly*, n. 124
Nathalie Leleu. "La Querelle des Images." *Parachute 100*, October-December/ottobre-dicembre
Mariuccia Casadio. "Shirin Neshat." *Vogue Italia*, October/ottobre
Payam – Ashena: a Persian Community Journal, October/ottobre
Keith Bruce. "On the Wings of Our Angels." *The Herald*, 4 September/settembre
Sarah Lowndes. "Shirin Neshat." *Metro Scotland*, 4 September/settembre
Terrington Calas. "Inside Photography." *The New Orleans Contemporary Art Review*, September-October/settembre-ottobre
Arthur Danto. "Shirin Neshat." *Bomb*, n. 73, Fall/autunno
Susan Horsburgh. "The Great Divide." *Time*,

28 August/agosto
Richard Ingleby. "Private View." *The Independent*, 19 August/agosto
The Wall Street Journal, 18-24 August/agosto
Ann Donald. "It's All There in Black and White." *The Herald*, 17 August/agosto
Virve Vihman. "Turbulence: Neshat at the Fruitmarket." *Three Weeks*, 14 August/agosto
Moira Jeffrey. "A Nation's Soul Song." *Sunday Herald*, 13 August/agosto
John Calcutt. "Once Again with Feeling." *Scotland on Sunday*, 13 August/agosto
"Exhibition of the week." *The Week*, 12 August/agosto
Anne Krinsky. "The Videos of Shirin Neshat Explore the Veiled World of Iran's Women."
Kader Abdolah. "Wie heeft mijn witte paard gestolen." *De Volkskrant*, 10 August/agosto
"Shirin Neshat." The Show. *The Independent*, 9 August/agosto
Martin Coomer. "To Know a Veil." *Time Out*, 9 August/agosto
Tom Lubbock. "The Fundamental Things Apply." *The Independent*, 8 August/agosto
Susanna Beaumont. "Shirin Neshat." *The Scotsman*, 7 August/agosto
Luise Grant. "East Meets West in Fusion of Sound and Film." *The Independent on Sunday*, 6 August/agosto
Giles Sutherland, Stanley Spencer. "Snowdown, Dali and Schueler as well as Shirin Neshat on Show Outside the Festival." *The Times*, 5 August/agosto
Charles Darwent. "Veils of Meaning Unraveled in Black and White." *The Independent on Sunday*, 6 August/agosto
"Shirin Neshat." The Show. *The Independent*, 3 August/agosto
Richard Dorment. "As Through a Veil Starkly." *The Daily Telegraph*, 3 August/agosto
"Shirin Neshat: Leading Iranian Video Artist Comes to Festival." *The List*, 3 August/agosto
Fisun Gruner. "Behind the Veil." *What's on in London*, 2 August/agosto
Adrian Searle. *The Guardian*, 1 August/agosto
Susanna Beaumont. "Culture Clash." *The Scotsman*, 1 August/agosto
Lynn MacRitchie. "Lifting the Veil of Iranian Society." *Financial Times*, 1 August/agosto
Stuart Shave. "The Rapture." *I-D Magazine*, August/agosto
"Don't Miss." *London Vogue*, August/agosto
Richard Cork. "Exiled by the 1979 Iranian revolution, Shirin Neshat Has Returned..." *Times 2 Arts*, August/agosto
Lynn McRitchie. "Love and Sex in Black and White." *The Financial Times*, 1 August/agosto
Cosimo di Leo Ricatto. "Pipilotti Rist, Sylvie Fleury, Sophie Calle and Sherin Neshat. A conversation." *NY Arts*, July-August/luglio-agosto
Simon Grant. "Rapture Beyond the Veil." *Evening Standard*, 31 July/luglio
Visual Art choice. "Shirin Neshat." *The Independent on Sunday*, 30 July/luglio
Caroline Boucher. "It's Written All Over Her Face." *The Observer*, 30 July/luglio
Tom Lubbock. "The five best shows in London." *The Independent*, 29 July/luglio
"See this! Shirin Neshat." *The Guardian*, 29 July/luglio
Helen Sumpter. "Choice, Shirin Neshat." *Hot Tickets*, 28 July/luglio
"Shirin Neshat." *Metro*, 28 July/luglio
Sarah Hemming. "Images of a Changed Land." *The Express*, 28 July/luglio
Samatha Ellis. "Art, Shirin Neshat." *Evening Standard*, 27 July/luglio
Bob Gumbert. "An Unveiling." *The Guardian Weekend*, 22 July/luglio
Giles Sutherland. "The Week in Two Minutes, Photography—Shirin Neshat—Must-sees Out of the Glare." *The Times*, 22 July/luglio
Doug MacCash. "New Developments." *The Times-Picaynne*, 14 July/luglio
Colin Gleadell. "It Pays to Stuff." *The Daily Telegraph*, 3 July/luglio
Jonathan Jones. "Split Screens, Divided Lines." *Sight and Sound*, July/luglio
"Interview with Shirin Neshat by Ute Thon." *Marie Claire*, July/luglio
Gooch Brad. "A Brilliant Mosaic." *Harper's Bazar*, July/luglio
Mark Sladen. "Framed, Shirin Neshat." *The Art Magazine*, Summer/estate
Cheryl Kaplan. "Shirin Neshat." *Smock*, Summer/estate
"Shirin Neshat." *Flash Art*, Summer/estate
Jenni Sorkin. "A Conversation with Shirin Neshat." *Make*, June-August/giugno-agosto
Lien Heyting. "Voorzichtig oorcontact." *Cultureel Supplement*, 30 June/giugno
Tom Lubbock. "Young Guns and Old Masters." Adrian Searle. "Hot Sounds, Cool Art." *The Guardian*, 23 June/giugno
Richard Cork. "From Manon to Mirren: Our Critics Select the Summer's Arts Highlights." *The Times*, 16 June/giugno
Paola van de Velde. "Reizen tussen de culturen." *De Telegraaf*, 14 June/giugno
Fiamma Arditi. "Donne di Allah." *ARS*, June/giugno
Anne van Driel. "Ze horen er helemaal bij." *De Volkskrant*, 25 May/maggio
Andre' Lammerse. "Limburgse musea kijen over de grens." *De Volkskrant*, 19 May/maggio
Katy Siegal. "Biennale 2000." *Artforum*, May/maggio
Ilaria Dagnini Brey. "Scritto sul corpo." *Elle*, May/maggio
Holger Christmann. "Manner kampfen, Frauen paddeln davon." *Die Welt*, 19 April/aprile
Professor Wolfgang Becker. "Continental Shift at the Ludwig Forum for International Art in Aachen." *NY Arts*, International Edition, vol. 5, n. 6

Deborah Solomon. "A Roll Call of Fresh Names and Faces." *The New York Times*, 16 April/aprile
Jurgen Hohmeyer. "Fluch der Teufelin Suleika." *Der Spiegel*, 4 April/aprile
Peter Schjeldahl. "Pragmatic Hedonism." *The New Yorker*, 3 April/aprile
Silke Müller. "Aufbruch in die islamische Moderne." *ART, Das Kunstmagazin*, April/aprile
Philipp Ziegler, "Die Poesie der Revolution," *Frame*, March-April/marzo-aprile
Pascal Beausse. "Shirin Neshat-Jérome De Noirmont." *Flash Art*, March-April/marzo-aprile
Fiamma Arditi. "Sotto il chador, un corpo-poesia." *La Stampa*, 8 March/marzo
Philip Jodidio. "Shirin Neshat entre deux mondes." *Connaissance Des Arts*, March/marzo
Leslie Cahmi. "Lifting the Veil." *Art News*, February/febbraio
Janet Kutner. "Between the Past and the Present." *The Dallas Morning News*, 30 January/gennaio
Okuwi Enwezor. "Shirin Neshat Soliloquy." January/gennaio
Katy Seigel. "1999 Carnegie International." *Artforum*, January/gennaio
"Man and Space." *Flash Art*, January-February/gennaio-febbraio
Cheryl Kaplan. "Opposition, Selection, Construction." *Smock*, premiere issue/primo numero

1999

Manon Blanchette. "Karlsruhe, Video cultures ou quelques exemples d'interrogation du regard." *Etc Montreal*, December/dicembre
Jeffrey Kastner. "Shirin Neshat." *Art Text*, November 1999-January 2000/novembre 1999-gennaio 2000
Amei Wallach. "Striking a Balance between Western and Islamic Values." *The New York Times*, 23 November/novembre
Ronald Jones. "Sovereign Remedy." *Artforum*, October/ottobre
Giancarlo Politi. "The Venice Biennale." *Flash Art*, October/ottobre
Irina Alimanestianu. "Shirin Neshat." *Art Issues*, September-October/settembre-ottobre
Andrew Gellatly. "Just Add Water." *Frieze*, September-October/settembre-ottobre
Daniel Birnbaum. "Practice in Theory." *Artforum*, September/settembre
"F: Female Trouble." *Esquire*, September/settembre
Octavio Zaya. "Shirin Neshat." *Interview Magazine*, September/settembre
Giorgio Verzotti. "La Biennale delle culture emergenti." *Tema Celeste*, July-September/luglio-settembre
Ralph Rugoff. "Global Art Reaches Santa Fe." *Financial Times*, 31 July-1 August/31 luglio-1 agosto
Fred Camper. "Houses Divided." *Chicago Reader*, 9 July/luglio
Arthur C. Danto. "Pas de Deux, en Mass: Shirin Neshat's Rapture." *The Nation*, 28 June/giugno
Franklin Simrans. "Shirin Neshat, Rapture." *Time Out New York*, 17-20 June/giugno
Alexandra Rowley. "Face Off." *Village Voice*, 8 June/giugno
David Pagel. "Opposites Attract Metaphors in Black-and-White Rapture." *Los Angeles Times*, 21 May/maggio
Achy Obejas. "Daughter of Iran." *Chicago Tribune*, 11 May/maggio
Sheila Glaser. "Shirin Neshat's Rapture at D'Amelio Terras." *Art & Auction*, May/maggio
Collier Schorr. "Turbulence and Rapture." *Harper's Bazaar*, May/maggio
Valerie Smith. "Reviews: Shirin Neshat." *New Art Examiner*, April/aprile
Paul Miller. "Motion Picture: Shirin Neshat's Turbulent." *Parkett*, n. 54
Jerry Saltz. "New Channels: Shirin Neshat & Doug Aitkin." *Village Voice*, 12 January/gennaio
Alex Neel. "Shirin Neshat: Turbulent." *Time Out New York*, 7 January/gennaio

1998

Sarah Greenberg. "Women's Words." Review of exhibition at/Recensione della mostra all Tate Gallery, *The Art Newspaper*, December/dicembre
Sarah Kent, "Shirin Neshat," *Time Out London*, 12 December/dicembre
Holland Cotter. "Shirin Neshat." *The New York Times*, 27 November/novembre
Laurie Attias. "Shirin Neshat at La Maison Européenne de la Photographie, Paris."
Art News, November/novembre
Jonathan Turner. "Portraits of a Lady."
Art News, November/novembre
Paco Barragan. "Shirin Neshat: Women of Allah." Interview/Intervista, *Metropolis*, n. 5
Richard Cork. "Diana-The Never Ending Picture Show." *Times Magazine London*, 29 August/agosto
Octavio Zaya, Igor Zabel, Pilar Gonzalo. "Shirin Neshat." *Arteparte*, June-July/giugno-luglio
"Identity." *Grand Street*, n. 62
"Three Decades Inside Art." *Flash Art*, Summer/estate
William Zimmer. "Two Ways to Tell a Story Very Carefully." *The New York Times*, 7 June/giugno
Jonathan Goodman. "Poetic Justice: Shirin Neshat Defends the Faith." *World Art*, n. 16
Manuel Falces. "Nueve formas de uso radical de la cámara." *El Pais*, 2 April/aprile
Eleanor Heartney. "Report from Istanbul: In the Realm of the Senses." *Art in America*,

April/aprile
Igor Zabel. "Shirin Neshat." *Moscow Art Magazine*, n. 19
Cloe Piccoli. "Le Ultime Donne." *Donne - La Repubblica*, 31 March/marzo
Taka Kawachi. "Rising Arabic/Islamic female Artists in New York." *Composite*, April/aprile, vol. 2, n. 3
Rafael Sierra. "La mujer islamica ha sideo traicionada por la Revolucion." Interview with artist/Intervista con l'artista, *El Mundo*, 2 April/aprile
Teresa Macri. "Il Turbamento di Shirin Neshat." *Il Manifesto*, 22 February/febbraio
"La Turbulencia Irani." *El Pais*, 17 February/febbraio
"Spin City: Christian Haye on the Istanbul, Johannesburg and Kwangju Biennale." *Frieze Magazine*, n. 38
Rosa Martinez. "Istanbul Biennial." *Flash Art*, January/gennaio
Jonathan Goodman. "Poetic Justice." *World Art*, n. 16
Cover Issue/Storia di copertina, *Intervista*

1997

Lina Bertucci. "Shirin Neshat." Interview/Intervista, *Flash Art*, November-December/novembre-dicembre
Julia Zado. "An Extreme Case of Faith." *View on Colour*, n. 11, October/ottobre
Stine Hoholt. "Women in Iran." *Katalog: Journal of Photography & Video*, October/ottobre
Franklin Sirmans. "Johannesburg Biennale." *Flash Art*, October/ottobre
Maite Suner. "Iran Miradas sin voz." *Marie Claire*, October/ottobre
Amy Chaiklin. "Shirin Neshat: Recollection of a studio encounter." *NY Arts Magazine*, July/luglio
Paldi Livia. "Allah asszonyai." Interview/Intervista, *Balkon*, June/giugno
Lori Gray. "New Art Blows into the Windy City." *Art & Auction*, May/maggio
"Berliner Ausstellungsstreit: Wem gehort die Moderne?" Review of exhibition at/Recensione della mostra alla Haus der Kulturen der Welt, *Die Welt*, May/maggio
Nicola Kuhn. "Sprung aus der Schublade." Review of exhibiton at/Recensione della mostra alla Haus der Kulturen der Welt, *Der Tagesspiegel*, May/maggio
Jorge Ribalta. "Diez fotografas muestran sus autorretratos falsos en el Macba." Review of the exhibition at the/Recensione della mostra al Museu d'Art Contemporàni de Barcelona, *La Vanguardia*, April/aprile
Patrizia Mania. "Dietro il Chador." Interview/Intervista, *Opening*, Spring/primavera
LTB. "Iraans oogwit beschilderd met inkt." Review of exhibition in/Recensione della mostra di Amsterdam, *De Volskrants*, April/aprile
Marina De Vries. "Vrouwen van Allah zwijegen." Review of exhibition at/Recensione della mostra alla Galerie Lumen Travo in Amsterdam, *Het Parool*, April/aprile
"Iranian Souls." *The Art Newspaper*, March/marzo
Klaus Kleinschmidt. "Shirin Neshat" *Spiegel Das KulturMagazin EXTRA Border/Lines*, February/febbraio
"Lo Visible Y Lo Invisible." *ABC Cultural*, February/febbraio
"La Presencia Feminista." *Diario 16*, February/febbraio
"Aufdecken oder verratseln." Review of exhibition/Recensione della mostra *Photo Text, Kulturgemeinschaft des DGB*, February/febbraio
Intervista, February/febbraio
Geneva Anderson. "Fundamentale Gesichtspunkte: Ein Gesprach mit Shirin Neshat." *Neue Bildende Kunst*

1996

Anne Kirker. "Politics of Spirituality." Interview/ Intervista, *Photofile*, November/novembre
Octavio Zaya. "Q+A: Shirin Neshat." *Creative Camera*, October-November/ottobre-novembre
Roberta Smith. "In Tomblike Vaults, the Future Flickers and Hums." *The New York Times*, 9 August/agosto
"Take it to the Bridge." *New York Magazine*, 15 July/luglio
Abby Messitte. "Shirin Neshat." *TART Magazine*, Summer/estate
Shay Nowick. "Shirin Neshat." *Juxtapoz*, Summer/estate
Viviana Kasam. "L'Islam sulla pelle." *IO Donna*, June/giugno
"Ein Medium Gewinnet Seine Freiheit." *Art das Kunstmagazin*, June/giugno
Octavio Zaya. "Armed and Dangerous." *Arude*, Spring/primavera
Calvin Reid. "Review." *Art In America*, March/marzo
Maria Tiziana Lemme. "Femminismo e chador, le donne di Allah." *Il Mattino*, February/febbraio
Enzo Baratta. "Donne di Allah, vittime dell'Islam." *Il Giornale di Napoli*, February/febbraio
Teresa Macri. "Le Donne Svelate." *Il Manifesto Extra*, February/febbraio

1995

Martha Schwendener, "Review," *New Art Examiner*, December 1995.
Barry Schwabsky, "Review," *Artforum*, December/dicembre
"Allah in Kadinlari." Review of/Recensione della Istanbul Biennial, *Hurriyet*, November/novembre

Emre Koynucuoglu. "'Sterotip' in Otesindeki Dogulu Kadin." Review of Neshat's work in/ Recensione dell'opera di Neshat alla Istanbul Biennial, *Cumhuriyet*, November/ novembre
Froukje Santing. Review of/Recensione della Istanbul Biennial, *NRC-Handersblad*, 27 November/novembre
Review of/Recensione alla Istanbul Biennial, *Cumhuriyet*, 9 November/novembre
Kim Levin. "Choices." *Village Voice*, 24 October/ottobre
Pepe Karmel. "Art in Review of Exhibition at Annina Nosei." *The New York Times*, 20 October/ottobre
Jen Budney, Shannon Pultz. "A Centenarian Biennial." *Flash Art*, October/ottobre
Jonathan Turner. "Biennial Blues." *Art News*, Special Summer Issue/numero speciale dell'estate
Vivien Raynor. "From Around the World, With Sparkle, on Human Scale." *The New York Times*, 17 September/settembre
Octavio Zaya. "Neshat: Quiero contar el complejo mundo de la mujer musulmana." *Diario 16*.

1994

Octavio Zaya. *Flash Art*, December/dicembre
Rodney Tanaka. "Artists Explore Identity in New Fowler Exhibit." *UCLA Bruin publication*, Summer/estate
Octavio Zaya. "Shirin Neshat and the Women of Allah." Interview/Intervista, *Purple Prose*, n. 7
Octavio Zaya. "Shirin Neshat and the Women of Allah." *ATLANTICA*
William Wilson. "Through the Lens of Iranian Culture." *Los Angeles Times*
Pat Leddy. "Present and Past." *Art Week*
Mathis Gazanov. "Beneath the Veil." *Los Angeles Times*
Marlena Donohue. "Picturing Sensitivity." *The Los Angeles Daily Breeze*
Emily Mitchell. People section, *Time Magazine*
"Iranian Artist: Rethinking Veiling," *Iran Times*
Melinda Henneberger. "Redefining Immigrant In The Bronx." *The New York Times*
Amei Wallach. "Rejecting The Melting Pot: My Canvas, My Self, Shirin Neshat." *New York Newsday*
Raphael Sugarman. "Art Across Cultures." *Daily News*

1993

Kate Bobby. "Exploring the Secrets of the Veil." Interview/Intervista, *New Directions For Women*

Author's biography

Farzaneh Milani, born in Teheran, is currently the interim Director of Studies in Women and Gender at the University of Virginia in Charlottesville where she teaches Persian literature and cross-cultural studies of women. She is the author of *Veils and Words: The Emerging voices of Iranian Women Writers* (Syracuse University Press and I.B. Taurus, 1992), the guest editor of two special issues of *Nimeye-Digar* on Simin Daneshvar and Simin Behbahani; and co-translator with Kaveh Safa of *A Cup of Sin: Selected Poems of Simin Behbahani* (Syracuse University Press, 1999). Milani is finishing a book tentatively titled *Remapping the Cultural Geography of Iran: Women, Mobility, and Space*.

Biografia dell'autore

Farzaneh Milani, nata a Teheran, è attualmente direttore ad interim degli Studies in Women and Gender all'Università della Virginia a Charlottesville, dove insegna letteratura persiana e materie comparate sulla figura femminile. Milani è autrice di *Veils and Words: The Emerging voices of Iranian Women Writers* (Syracuse University Press e I.B. Taurus, 1992), è stata invitata a curare due numeri speciali di "Nimeye-Digar" riguardanti Simin Daneshvar e Simin Behbahani ed è traduttice insieme a Kaveh Safa di *A Cup of Sin: Selected Poems of Simin Behbahani* (Syracuse University Press, 1999). L'autrice è in procinto di ultimare la stesura del volume, il cui titolo provvisorio è *Remapping the Cultural Geography of Iran: Women, Mobility, and Space*.

Finito di stampare nell'aprile 2001
da Leva Spa, Sesto San Giovanni
per conto di Edizioni Charta
su carta Gardamatt Art delle Cartiere del Garda Spa